이상하자

일탈하자

도전하자

행복하자

그래서
캐주얼

안병민 지음

챕

시작합니다 나를 찾는 여행을

벌써 몇 시간째입니다. 식은땀이 줄줄 흐르고 속이 울렁 거려 침을 삼키기도 힘듭니다. 앉을 수도, 누울 수도 없을 만큼 온몸이 불편하기만 합니다. 계속되는 구역질에 식사를 할 수도 없어서 정신이 혼미합니다. 이틀 새 몸무게가 3kg이나 훌쩍 빠져버렸습니다. 작년 가을, 세 시간에 걸친 수술을 받은 후 겨울부터 열세 차례나 항암주사를 맞아오면서 이상하리만치 별다른 부작용이 없다 싶더니, 입이 방정이라고 그놈의 부작용이란 게 슬슬 시작되나 봅니다. 다른 환자분들이 세상 살면서 항암만큼 어려운 게 없다고 하셨는데, 실은 무슨 얘기인지 이해가 안 됐습니다. 그러나 이제야 이해가 되기 시작합니다.

2011년 7월에 썼던 잡문의 한 대목입니다. 대장암 3기. 당시로서는 생존율이 50%라 했으니 전혀 의식하지 못하고 살았던 죽음의 존재를 절감했던 시기입니다. 세 시간에 걸친 수술과 열여덟 차례의 고통스러운 항암치료는 제 삶의 많은 것들을 바꾸어 놓았습니다. 첫째가 휴직이었고, 둘째가 서울에서 양평으로의 이사, 마지막이 퇴사였습니다. 2년간 휴직을 시작하면서 20년을 넘게 살았던 서울을 떠나 아무런 연고도 없던 양평으로 집을 옮겼습니다. 그러면서 새로운 삶의 방식에 눈을 뜨게 되었습니다. '경주마'가 아닌 '야생마'로서의 삶 말입니다. 2년은 금세 흘러갔습니다. 결국 저는 회사로 돌아가지 않았습니다. 17년간의 회사 생활을 미련 없이 접었습니다. '울타리 없는 삶'을 살기 위한 자발적 결정이었습니다. 중견기업 마케팅 임원으로 일하고 있던, 제 나이 마흔을 갓 넘겼을 때의 이야기입니다.

울타리 밖의 삶에서 가장 큰 변화는 가족과의 관계였습니다. 소위 죽음이란 걸 떠올리고 보니 제일 마음에 걸리는 건 역시 가족이더군요. 돈과 승진을 목숨처럼 여기며 워커홀릭으로 산 것은 아니었지만 나름 '일 재미'와 '일 보람'을 느끼며 아침 일찍 나가 밤늦게 들어오던 일상의 연속이었습니다. 게다가 그

땐 또 왜 그리 술, 담배도 많이 했었는지. 주말 아니면 깨어 있는 얼굴을 보기 힘들었던 아이들, 그리고 늘 일과 술에 절어 있던 남편으로 인해 제대로 된 대화를 나눌 수가 없었던 아내. 지금 생각해보니 참 씁쓸한 기억의 편린들입니다. 하지만 상전벽해! 지금은 외부 일정이 없는 날엔 제가 직접 아이들을 학교에 데려다주고 데리고 오며, 시간이 날 때마다 함께 여행을 떠납니다. 작년 한 해만 해도 거의 두 달에 한 번씩 짧게는 사흘, 길게는 한 달에 이르는 가족 여행들을 다녀왔네요. 이제 '소유'를 위한 소비가 아닌, '추억'을 위한 소비의 가치를 잘 알기에 틈나는 대로 가족들과 함께 추억을 빚습니다. 그 때문이었을까요. 기적처럼 저는 완치 판정을 받았습니다. 발병하여 수술을 받았던 게 2010년 가을이니 그럭저럭 10년이 다 되어갑니다.

눈길 걷다 보니 꽃길이라더니, 무척이나 추웠던 겨울이 지나고 대지를 달구었던 폭염도 한풀 꺾였습니다. 돌아보면 지금껏 팽팽하게 줄만 당기며 살아왔던 세월입니다. 하지만 그 줄이란 것도 버텨낼 수 있는 한계가 있습니다. 자칫하다간 툭, 끊어지고 맙니다. 몸도 마음도 그렇게 탈이 납니다. 이젠 좀 느슨하게 풀어줄 필요가 있습니다. '직선'이 아니라 '곡선'의 경영이 필요합니다. 직선은 두 개의 점을 연결하는 가장 빠르고 효율적인 방법입니다. 하지만 우리는 그 속도와 효율에 매몰되어 버렸습니다. 곡선을 말씀드리는 이유가 여기에 있습니다. 좀 늦으면 어떤가요? 좀 둘러 가면 어떤가요? 어차피 맘대로 되지 않는 게 인생입니다. 그 차이를 품어 안아야 합니다. 그래야 넉넉하게 세상을 보듬어 안고 나 자신을 사랑할 수 있습니다. 지금까지 '어디로 갈 것인가'라는 '목표'와 '결과'만 생각하며 달렸다면, 이제는 '어떻게 갈 것인가'라는 '방법'이나 '과정'에 대해서도 생각해볼 일입니다. 내가 재미있고 내가 행복한 그런 경영을 해야 합니다. 내가 재미있고 내가 행복한 그런 삶을 살아야 합니다. 불청객처럼 불쑥 저를 찾아왔던 암이란 놈이 제게 알려준 삶에 대한 통찰입니다. 이 책 《그래서 캐주얼》이 세상에 나오게 된 배경이기도 합니다.

전작으로 두 권의 책이 있습니다. 첫 번째 책인 《마케팅 리스타트》는 '마케팅은 단지 돈 버는 기술'이라는 잘못된 시각을 교정하고, '고객 행복'이라는 삶의 철학으로서의 마케팅을 이야기하고 싶어 쓴 책입니다. 두 번째 책 《경영 일탈》은 리더십과 조직문화에 초점을 맞춘 경영 스케치로 주식회사 여행박사의 창의경영, 행복경영에 대해 쓴 책입니다. 전혀 다른 관점으로 다시 새롭게 출발하자는 의미의 '리스타트[Restart]'나 주류에서 떨어져 나와 행복한 반란을 꿈꾸자는 뜻으로 쓴 '일탈[逸脫]'의 연결고리는 '혁신'입니다. 마케팅이나 경영이나 이젠 변해야 하고 바꾸어야 한다는 겁니다.

이 책 역시 그 연장선 위에 있습니다. 세상이 바뀌었으니 내 일과 삶에 대한 시각도 달라져야 합니다. 성과를 넘어 재미, 결과를 넘어 과정, 성공을 넘어 행복에 방점을 찍어야 합니다. 배운게 도둑질이라고, 그런 일과 삶의 이야기들을 '차별화'를 중심으로 한 경영학의 프레임으로 살펴보았습니다. 알고 보면 우리 인생도 경영의 대상입니다. 나는 내 삶의 CEO인 겁니다. 그래서 이 책은 마케터로서 써 내려간, '내 일과 삶의 행복경영 탐구 노트'입니다. '마케팅 혁신', '리더십과 조직문화 혁신'에 이어 '내 일과 삶의 혁신'을 담은 이 책은 보통마케터 안병민이 이야기하는 〈경영 혁신 3부작〉의 마지막 완결편인 셈입니다.

내 일도 그렇고 내 삶도 그렇습니다. 누가 시켜서 하는 일은 즐거울 수 없습니다. 다른 사람의 생각을 대신 살아주는 삶 또한 그렇습니다. 지시와 통제로 돌아가는 세상에서는 이거 하라면 이거 하고 끝나고, 저거 하라면 저거 하고 끝납니다. 영혼 없는 노동입니다. 죽지 못해 하는 일입니다. 남들 다 그렇게 사니 원래 그런가 보다 하며 사는 삶인 겁니다. 나답게 살아야 합니다. 나답게 살 때 가장 창의적이고, 나답게 살 때 가장 행복합니다. 세상이 원하는 나에 매몰되지 말고 나도 잘 몰랐던 나를 찾아 함께 떠나자는 말씀을 드리고 싶어 쓴 책이 바로 이 책《그래서 캐주얼》입니다. 직접 죽음의 문턱을 경험하고 든 생각을 정리하였기에 머리뿐 아니라 가슴으로도 쓴 책입니다. 그래서 이 책의 언어는 누군가를 향한 '설득'의 언어가 아닙니다. 내게로 향하는 '성찰'과 '다짐'의 언어입니다. 부끄러운 고백에 귀기울여 주셔서 감사할 따름입니다. 행복하세요. 그뿐입니다!

보통마케터 안병민 쓰다

이 책의 구성은 다음과 같습니다

1부 〈왜 이렇게 피곤해?〉에서는 성과에 짓눌린 자기착취의 피로사회를 조명합니다. 남들에게 보여주기 위한 삶이 나를 갉아먹어 버립니다. 내 삶에 내가 없는 겁니다. 왜 이렇게 살아야 할까? 언제까지 이렇게 살아야 할까? 앞으로 어떻게 살아야 할까? 이 책이 제기하는 문제의식의 출발점입니다. '로봇'과 '사람', '영웅'과 '인간'의 비교를 통해 그 해결의 실마리를 찾아봅니다. 결국은 내 모습 그대로 사는 게 방법입니다.

2부 〈목표 없이 성공하라〉는 전가의 보도였던 성공학의 메커니즘이 과연 우리를 행복하게 만들어주고 있는지 살펴보는 반성적 고찰입니다. '결과'에서 행복을 찾는 서양적 사고방식과 '과정'에서 행복을 찾는 동양적 사고방식의 비교를 통해 내게 맞는 옷을 찾아봅니다. 인생은 남들보다 먼저 결승선을 통과해야 하는 단선적인 '경쟁'이 아닙니다. 새 시대의 가치는 '협력'입니다. 승패 이전에 열정과 도전이 중요합니다. 그렇게 만들어진 '행복한 실패'가 '위대한 성공'으로 이어짐을 짚어봅니다.

3부 〈재미를 허락하라〉의 초점은 '재미'입니다. 그동안 너무 빡빡하게만 살았습니다. 달라진 세상에서 이제 필요한 건 '재미'입니다. 재미는 열정과 창의, 도전을 이끌어내는 마중물입니다. 결과 이전에 과정이 즐거워야 합니다. 내가 좋아하는 일을 찾아 재미있게 하는 게 중요합니다. 재미가 있으니 절로 몰입하게 되고, 몰입하게 되니 자연스레 성과가 납니다. 즐거우니 일단 해보는 것이고, 재밌으니 남이 가지 않은 길도 가보는 겁니다. 그게 바로 내 일과 삶의 기업가정신입니다.

4부 〈주인 되어 사는 삶이라야〉는 내 일과 삶을 행복하게 경영하기 위한 처방전으로서의 결론입니다. 행복은 정오의 개념도, 우열의 개념도 아닙니다. 기준은 나 자신입니다. 타인의 욕망이 아니라 스스로의 욕망에 집중해야 합니다. 남들

11

마음에 들자고 사는 인생이 아닙니다. 내 삶의 주인은 나입니다. 일반명사가 아닌 고유명사로 사는 방법? 나답게 사는 겁니다. '캐주얼'이 그 열쇠입니다.

각 챕터가 끝날 때마다 하나씩 들어간 글 꼭지가 있습니다. 이름하여 〈노자와 캐주얼〉입니다. 세상이 뒤집어지듯 달라지니 역발상이 중요해졌습니다. 지금까지는 농업적 근면성이 중요했다면 이제 그 자리는 창의적 상상력의 것이 되었습니다. 그러니 시키는 걸 열심히 하는 게 능사가 아닙니다. 무작정 참고 버티는 게 미덕이 아니라는 겁니다. 여기서 노자를 생각합니다. 경영 혁신을 연구하고 강의하는 제게 노자는 역발상의 경영자입니다. 〈노자와 캐주얼〉에서는 노자철학에서 건져 올린 '캐주얼의 경영학'을 들여다봅니다.

이 책의 목차는 다음과 같습니다

프롤로그 나를 찾는 여행을 시작합니다 **4**

이 책의 구성은 다음과 같습니다 **10**

Chapter 1 왜 이렇게 피곤해?

우리가 늘 피곤한 이유 **19**

우리 시대의 질병은 '피로' **25**

긍정만이 능사가 아니다 **29**

보여주기 위한 삶에 허덕이는 우리들 **36**

성과가 아니라 스스로를 사랑하다 **42**

로봇이 아니라 사람을 원하다 **48**

영웅과 인간의 기로에서 **52**

〈노자와 캐주얼〉 하나 이상하자, 일탈하자 **59**

Chapter 2 목표 없이 성공하라

성공학은 전가의 보도일까?   67

꿈과 미션은 발견되는 것이다   73

인생은 계획대로 되지 않는다   77

바야흐로 '홀로' 전성시대   82

인생은 마라톤이 아니다   88

경쟁 말고 협력하라   98

형, 꼭 완주해야 돼요?   105

아무것도 하지 않으면 아무 일도 일어나지 않는다   111

〈노자와 캐주얼〉둘 '성공'이 아니라 '공성'   118

Chapter 3 재미를 허락하라

나는 미술을 믿지 않는다, 미술가를 믿는다   127

놀이정신, 금기를 깨다   132

내 길은 내가 만들면서 간다   136

왕관이 아니라 단두대가 있는 곳으로   145

덕력이 스펙이다   152

행복한 낚시 덕후, 시청률을 낚아 올리다   156

고기도 먹어본 사람이 잘 먹는다   161

설렘이 사라지면 은퇴해야 한다   168

재미가 혁신의 마중물이다   175

〈노자와 캐주얼〉셋 되고 싶은 사람이 되어라   180

Chapter 4 주인 되어 사는 삶이라야

당신은 언제 행복한가요?   **189**

자기실종의 세상, '나'를 찾아라   **197**

있는 그대로의 나를 사랑하다   **202**

내 선택은 나의 것이어야 한다   **208**

보되 보지 못하고, 듣되 듣지 못하다   **215**

꼰대가 빚어내는 청춘의 퇴사   **220**

새로운 삶을 꿈꾼다면 선을 넘어야 한다   **224**

정해진 대로 살지 않아도 즐거운 매일   **228**

춤추고 싶을 땐 춤춰야 한다   **234**

'캐주얼'로 경영하라   **238**

〈노자와 캐주얼〉 넷 구름으로 달을 그리다   **246**

에필로그 캐주얼하게, 나답게 살 일입니다   **252**

부록   보통마케터 안병민, 묻고 답하다   **258**

참고 서적 함께 읽어보면 좋을 책   **273**

스스로가 스스로를 착취하는 자기착취의 시대다. '성과' 때문이다. 나의 존재감을 보여주려면 성과를 내야 한다. 매일매일이 피곤한 이유다. 물리적으로 힘든 것을 넘어 정신적으로도 힘들다. 내 삶의 중심에 내가 없어서다. 보여주기 위한 삶이 나를 갉아먹어 버려서다. 그래서 아무도 행복하지 않은 나라가 대한민국이다. 우리는 왜 사는 걸까? 어떻게 살아야 할까? 영웅처럼 사는 것과 인간처럼 사는 것, 그 사이에 답이 숨어 있다. 바로 '나답게 사는 것'이다!

왜 이렇게 피곤해?

1

우리가 늘 피곤한 이유

하는 일이 경영마케팅에 대한 강의와 자문, 글쓰기이다 보니 CEO들을 많이 만나게 됩니다. 그러면서 생긴 의문이 하나 있습니다. 해결은커녕 시간이 갈수록 커져만 가는 궁금증입니다. '왜 CEO는 행복하지 않을까?' 실로 그랬습니다. 사장님들은 행복하지 않았습니다. 수많은 걱정들로 늘 얼굴이 잿빛이었습니다. 매출이 적으면 적은 대로, 많으면 많은 대로 걱정이었습니다. 걱정의 종류도 다양했습니다. 기껏 비싼 돈 들여 교육시켜 놓은 직원이 경쟁사로 옮겨 갔다며 울분을 토하기도 하고, 월급을 그렇게나 주는데도 일하는 것만 보면 속이 터진다며 답답함을 토로하기도 합니다. 한결같이 수심 가득한 얼굴입니다. 의문이었습니다. 행복하자고 시작한 경영일 겁니다. 그런데 경영을 시작하고 나니 행복할 수 없는 나날이 이어집니다. 어디서부터 잘못된 걸까요? 행복하고 재미있는 경영은 과연 불가능한 걸까요? '워크 앤 라이프 밸런스Work and Life Balance', 이른바 '워라밸'이라 불리는 일과 삶의 균형은 교과서에나 나오는 그림의 떡인 걸까요?

작은 궁금증이 씨앗이 되어 차근차근 답을 찾아가는 과정에서 이게 비단 사장님만의 문제가 아니라는 걸 깨달았습니다. 사장님만 불행한 게 아니었습니다. 부장님도 힘들어했고 과장님도 행복하지 않았습니다. 심지어는 말단 사원들도 마찬가지였습니다. 알고 보니 직급에 상관없이 우리 모두가 불행했던 겁니다. 더 나아가 회사를 다니는 직장인이든, 개인 사업을 하는 분이든, 가정주부든, 학생이든 모두 마찬가지였습니다. 아무도 행복하지 않았습니다. 그래서 찾아낸 제 나름의 처방전이 바로 '캐주얼'입니다.

잠깐 눈을 돌려보겠습니다. '운도남'이 대세입니다. '운동화를 신은 도시 남자' 말입니다. '런피스녀'도 있습니다. '런닝화(운동화)를 신고 원피스를 입은 여자'입니다. 세상을 둘러보니 온통 캐주얼 열풍입니다. 콤비 재킷에 면바지를 입고 회사에 출근하는 모습이 더 이상 낯설지 않은 요즘입니다. 어깨에 백팩까지 둘러메니 한결 경쾌해 보입니다. 실제 각종 조사 자료를 보아도 정장을 입고 출근하는 비율은 지속적으로 하락하는 반면, 캐주얼 출근은 하늘 높은 줄 모르고 치솟고 있습니다. 이에 따라 남성복 시장의 판도도 바뀝니다. 캐주얼이 일상화되고 있는 겁니다.

신사의 나라 영국도 예외는 아닙니다. 2017년 6월, 영국 하원이 의원들에게 '노타이'를 허용키로 했습니다. 한 의원이 의회 의사당에서 노타이 차림으로 발언을 요청한 게 발단이었습니다. 이 옷차림에 대한 지적이 이어지자 하원의장은 노타이 차림이 규정에 어긋나는 건 아니라는 유권해석을 내놓았습니다. 불과 몇 년 전만 해도 상상할 수 없던 일입니다. 넥타이를 매지 않았다고 발언을 제지당하거나 넥타이 무늬가 이상하다고 사과를 해야 했던 영국 하원이었습니다. 바야흐로 '캐주얼 전성시대'입니다.

캐주얼은 '평상시 입는 편한 옷'이라는 의미로, 우리가 일상생활에서도 참 많이 쓰는 단어입니다. 그런데 톺아보니 패션에만 쓰는 단어가 아닙니다. '격식에 얽매이지 않아 자유롭고 가

법다'란 뜻도 있습니다. 생각과 마인드, 가치관의 차원에서도 쓰는 말인 겁니다. 여기서 문제해결의 실마리를 찾았습니다. 정장이 '정해진 규정과 규칙에 따라 어쩔 수 없이 따라야 하는 삶'에 대한 비유라면 캐주얼은 반대입니다. '저마다의 개성과 나만의 색깔을 뽐내고 드러낼 수 있는 자유와 창의'에 대한 은유입니다.

핵심은 단순합니다. '나는 나'라는 겁니다. 나는 나인데 그동안 그저 무리 속에 묻혀 있었던 겁니다. 그러니 신이 날 수 없습니다. 흥이 생길 리 없습니다. 거대한 사회의 부속품으로서, 거스를 수 없는 무거운 수레바퀴를 숙명처럼 돌리고 있었던 겁니다. 제우스를 속인 죄로 무거운 바위를 끝없이 산 위로 굴려 올려야 하는 시시포스가 따로 없습니다. 그러다 보니 행복은 딴 세상 이야기입니다.

리더십도 마찬가지입니다. 모두가 리더가 되어야 한다고 여기저기서 소리를 높이는 요즘입니다. 그러다 보니 리더의 자기경영이 무척이나 중요해졌습니다. 시간 관리, 지식 관리, 건강 관리, 인맥 관리 등 관리해야 할 것들이 하나둘이 아닙니다.

정장이
'정해진 규정과 규칙에 따라
어쩔 수 없이 따라야 하는
삶'에 대한 비유라면

캐주얼은
'저마다의 개성과 나만의 색깔을
뽐내고 드러낼 수 있는
자유와 창의'에 대한 은유다.

예를 들어 시간 관리만 해도 그렇습니다. 우선 리더가 되려면 일찍 일어나야 합니다. 그렇게 확보한 시간을 최대한 활용해야 리더가 됩니다. 새벽과 아침 시간대의 낭비를 줄이라는 충고도 쏟아집니다. 또 다른 누군가는 철저하게 시간을 분석하고 관리하라 얘기합니다. 보다 구체적인 방법에 대한 조언도 부지기수입니다. '무엇을 할 것인가 분명히 적어라, 주어진 상황에서 최대한 집중할 수 있는 시간대와 장소를 찾아라, 데드라인을 활용하라, 자투리 시간을 활용하라' 등등 시간 관리만 해도 무수히 많은 방법들이 비 온 뒤 대나무 순처럼 넘쳐납니다.

그런데, 그렇게 해서 시간 관리에 다들 성공하셨나요? 그런 분은 아마 많지 않을 겁니다. 저런 얘기 들었다고 성공한다면 세상은 아마 성공한 사람들로 발 디딜 틈이 없을 겁니다. 결과는 우리 모두 예상하는 것처럼 실패입니다. 안 그래도 해야 할 일들이 산더미처럼 쌓였는데 시간 관리를 또 저렇게 하라고 하니 엄두가 나지 않습니다. 큰맘 먹고 며칠 해보지만 어느새 다시 제자리입니다. 남는 건 '피로'입니다. 우리가 늘 피곤한 이유입니다.

우리 시대의 질병은 '피로'

승진과 성과 압박으로 과로와 스트레스가 넘쳐납니다. 사회의 허리인 30대가 시들어가는 건 그래서입니다. 어느 통계조사 결과를 보면 30대 남성의 흡연율은 50%가 넘습니다. 고혈압 위험군 역시 30%가 넘고, 주 2회 이상 술을 마시는 사람이 25%랍니다. 운동할 시간은 꿈도 꾸기 힘듭니다. 그러니 건강 신호등에 빨간불이 들어옵니다. 허리둘레가 스멀스멀 늘어나고 몸무게는 야금야금 올라갑니다. 스트레스 수치 또한 시나브로 커져만 갑니다. 문제는 이런 피로가 비단 30대 직장인만의 전유물이 아니라는 겁니다.

초등학생 아이들이 성적을 비관하여 자살하는 나라가 바로 대한민국입니다. "15개월 남자아이인데요, 영어 교재는 프뢰벨이 좋아요, 몬테소리가 좋아요?"라는 질문이 육아 카페에 올라오는 세상입니다. 만 두 돌이 된 유아의 35.5%가, 다섯 살 아이의 83.6%가 사교육을 받는다는 조사 결과도 있습니다. 취학 전 교육비가 3조 원을 훌쩍 넘는다고 하니, 우리 아이들은 학교에 들어가기도 전부터 공부를 하느라 머리가 지끈지끈 아픕니다. 유럽 선진국에서는 어린 나이에 글자를 배우면 상상력을 펼칠 기회를 뺏긴다며 취학 전 아이들의 문자 교육을 지양한다고 합니다. 그 대조적 현실이 참 가슴 아픕니다.

얼마 전 발표된 경제협력개발기구[OECD] 발 '학생 행복도' 조사 결과도 우리의 아픈 현실을 적나라하게 보여줍니다. 조사 대상 48개국 중 우리나라 만 15세 학생들의 삶의 만족도는 47위였습니다. 꼴찌 터키를 가까스로 앞선 결과입니다. 한국 학생 75%는 성적에 대한 걱정을 하고 있었고, 시험이 어려울 것 같아 종종 걱정한다는 학생도 69%에 달했습니다. 더 가슴 아픈 건 운동을 하는 학생의 비율입니다. 등교 전 혹은 하교 후에 운동을 한다는 학생은 46.3%에 그쳐 분석 대상 56개국 중 최하위를 기록했습니다. 참담하기 짝이 없는 조사 결과입니다.

이제 피로로 인한 스트레스는 우리 모두의 것이 되어버렸습니다. 말 그대로 스트레스는 나이와 직종을 불문하고 우리 모두를 고통스럽게 하는 현대 사회의 병인 겁니다. 하지만 더 무서운 사실이 있습니다. 그 정도가 무척이나 심하다는 겁니다. 말 나온 김에 나는 얼마나 스트레스를 받는지 한번 살펴볼까요? 항목별로 몇 개나 해당되는지 세어보세요.

• 대수롭지 않은 일에도 흥분하곤 한다. ☐

• 한 가지 일에 몰두하기 힘들다. ☐

• 잠을 오래 자도 깨어나면 개운치 않다. ☐

• 최근 들어 무언가를 잊어버리는 경우가 잦다. ☐

• 작은 일이나 문제를 처리할 때 예전보다 힘이 ☐
  더 많이 든다.

• 일상적인 일에 둘러싸여 있으면 다른 일을 할 ☐
  엄두를 못 낸다.

• 어떤 일이 더디게 진행되거나 기다려야 하는 경우 ☐
  쉽게 짜증이 난다.

• 예전에는 지금보다 재미있는 일이 훨씬 많았다. ☐

• 급히 처리해야 할 일을 뒤로 미루어놓는 자신을 ☐
  발견하곤 한다.

• 밤에 잠들지 못하고 뒤척이는 일들이 많다. ☐

• 온갖 문제들이 머릿속을 헤집는다. ☐

• 감정의 기복이 크고 예민하다. ☐

• 일상적인 문제에서 도망쳐 마음의 안정을 취하는 ☐
  일이 힘들다.

7개 이상의 항목에 '예'라는 대답이 나왔다면 지금 이렇게 한가하게 책을 읽고 있을 때가 아닙니다. 스스로의 정신 건강에 대해 지금보다 더 많은 관심을 갖고, 더 많은 신경을 써야 합니다.

매슬로우가 얘기한 인간의 욕구 5단계설이 있습니다. 가장 기본적인 생리적 욕구부터 시작하여 안전, 애정과 소속, 자기존중, 자아실현의 욕구 순으로 올라가는 피라미드형 그림을 많이들 보셨을 겁니다. 그런데 요즘엔 생리적 욕구 밑에 더욱 근원적인 욕구가 있다는 주장이 있습니다, 바로 '배터리 욕구'입니다. 요즘 젊은 친구들이 나누는 우스갯소리입니다. 하지만 현실을 너무나 정확하게 표현한 얘기입니다. 실제로 갖고 다니는 휴대폰의 배터리 양이 조금만 줄어도 우리는 불안합니다. 어디를 가든 배터리 충전 가능 여부를 가장 먼저 살핍니다. 수많은 커피숍들이 테이블마다 충전을 위한 전원 장치를 만들어놓은 건 그래서입니다. 그런데 한번 생각해볼 일입니다. 갖고 다니는 스마트폰과 태블릿PC, 디지털 카메라 등 모든 것들을 충전하면서도 정작 가장 중요한 나 스스로는 얼마나 충전하고 있는지 말입니다. 하루하루 살다 보면 사람도 방전되게 마련입니다. 재충전은 잘나가는 연예인들만 하는 게 아닙니다.

누구나 충전이 필요합니다.

2012년이었을 겁니다. 《피로사회》란 책이 엄청난 인기를 끌었습니다. 128쪽에 불과한 얇은 책이지만 쉬이 읽히는 책은 아닙니다. 하지만 많은 사람들이 이 책을 찾았습니다. '피로사회'라는 단어가 주는 공감의 울림이 컸던 게 아닐까 싶습니다. 숨 막히는, 피 말리는 경쟁을 하루하루 치르다 보니 우리 모두 지친 겁니다. "시대마다 그 시대에 고유한 주요 질병이 있다." 《피로사회》 책을 여는 첫 문장입니다. 절로 고개가 끄덕여지는 통찰의 문장입니다. 그렇습니다. 우리 시대의 질병은 바로 '피로'입니다.

긍정만이 능사가 아니다

누군가가 나를 끊임없이 채찍질합니다. 잠깐 쉬어 가고 싶어도 그럴 수가 없습니다. 잠깐의 여유도 허락해주지 않습니다. 무자비한 재촉에 잠도 편히 잘 수가 없습니다. 누가 나를 이렇게 다그치는지 얼굴을 쳐다봅니다. 누구의 얼굴인가요? 누가 내게 이런 채찍질을 하고 있나요? 내 상사라고요? 아니면 부모님이라고요? 아닐 겁니다. 자세히 보면 나를 채찍질하는 사람은 바로 나 자신입니다. 내가 나에게 그 모진 채찍질을 하고 있었던 겁니다. 이유는 간단합니다. 스스로의 존재감을 보여주어야 하기 때문입니다. 존재감의 바로미터는 '성과'입니다. 그러니 스스로를 가만 내버려두질 못합니다. 쉬는 꼴을 두고 볼 수가 없는 겁니다. 노느니 장독 깬다고, 뭐라도 해야 직성이 풀리는 겁니다. 그러니 스스로를 착취합니다. 이른바 '자기착취'의 세상입니다.

지금껏 '긍정'은 우리 세상을 발전시키는 데 큰 역할을 했습니다. '난 할 수 있어'라는 긍정의 주문이 세상을 이만큼 바꾸어놓은 게 사실입니다. 하지만 불행하게도 그러한 긍정의 마법에 한계가 있다는 걸 우린 몰랐습니다. 아니, 애써 외면했는지도 모릅니다. 다들 할 수 있다며 '노오력!'을 외치니 나도 모르게 함께 파이팅을 외치며 스스로를 격려했습니다. 하지만 안 되는 건 안 되는 겁니다. 우리 모두 열심히 글쓰기 연습을 한다고 톨스토이 같은 대문호가 되어 노벨문학상을 탈 수 있을까요? 우리 모두 죽어라 축구 연습을 한다고 메시나 호날두가 되어 세계적 명문 구단의 러브콜을 받을 수 있을까요? 아무리 달리기 연습을 열심히 한다고 해도 우리 대부분은 우사인 볼트가 될 수 없습니다. 안 되는 건 안 되는 것임에도 어느 누구도 그런 얘길 하지 않습니다. '하면 된다', '노력하면 된다'는 거짓말만 횡행합니다. 희망고문입니다. 물론 의도야 이해합니다만 결과적으로는 모두 거짓말인 셈입니다. 이처럼 다들 성공만을 이야기하니 내 존재감을 보여주려면 나도 할 수 있어야 하는 겁니다. 세상 곳곳에 과도한 자기긍정성이 만연하는 이유입니다. '노오력, 노오력' 노래를 부르며 다른 사람이 아니라 내가 나 스스로를 채찍질하는 이유이기도 합니다.

하지만 긍정도 일정 수준을 넘어서면 그 효과는 사라집니다. '열심히 노력하면 된다고 했는데 나는 왜 안 될까?' 우울증에 빠지는 사람이 늘어납니다. 안타깝게도 심하면 자살에 이르기도 합니다. 열심히 노력하면 다들 된다고만 하니 실패를 껴안을 마음의 여유가 없는 겁니다. 내 마음속 실패의 완충지대 말입니다. 그게 없으니 실패는 곧 회복할 수 없는 절망이자 끝없는 나락입니다.

다니엘 핑크는 저서 《파는 것이 인간이다》에서 긍정과 부정의 황금비율에 대해 이야기합니다. 긍정과 부정의 비율이 11 대

31

1을 넘어가면 긍정의 효과는 신기루처럼 사라진다고 합니다. 긍정에도 상한선이 있다는 얘기입니다. 다시 말해, 무조건 긍정적이라고 다 좋은 게 아니라는 겁니다. 그리고 긍정과 부정이 적절히 어우러져야 성과도 나며 그 황금비율은 '긍정 3' 대 '부정 1'이라 분석합니다.

25%의 부정적 성향이 필요한 이유는 스스로를 위해서입니다. 적절한 부정적 성향이 혹여 있을지 모를 실패로부터 나를 보호해주는 역할을 하는 겁니다. 일종의 완충재입니다. 실패할 수도 있다는 여유가 실제 실패했을 때 나를 다시 일으키는 회복력으로 작용합니다. 최악의 상황을 미리 준비케 하는 심리적 장치인 '방어적 비관주의Defensive Pessimism'입니다. 위로 떠오르려는 부력과 아래에서 잡아당기는 중력이 균형을 이루어야 땅에 발을 딛고 똑바로 서 있을 수 있는 것처럼 긍정성과 부정성에도 이런 균형이 필요합니다.

"누군가가 우리 제안을 받아들이면 고맙고 영예스러운 일이고, 거절당하면 당연하다고 생각하라." 알리바바 창업자이자 CEO인 마윈 회장의 말에서 방어적 비관주의의 효용을 읽을 수가 있습니다.

누군가가
우리 제안을 받아들이면
고맙고 영예스러운 일이고

거절당하면
당연하다고 생각하라.

2015년에 나왔던 픽사의 명작 애니메이션 〈인사이드 아웃〉이 떠오릅니다. 이 애니메이션은 11살 사춘기 소녀 '라일리'의 감정을 지배하는 다섯 캐릭터를 중심으로 펼쳐지는 어른들의 동화입니다. '기쁨'과 '슬픔', '까칠'과 '소심' 그리고 '버럭'이는 감정의 의인화를 통해 구현된 다섯 명의 감정 캐릭터입니다. 뇌과학, 심리학, 인간의 감정 변화, 꿈, 핵심 기억, 성격의 섬, 불안정한 청소년 심리의 메커니즘 등 이 모든 과학적·추상적 개념들을 생생하게 시각화한 〈인사이드 아웃〉에서 제가 건져 올린 핵심 메시지는 하나입니다. 우리 삶이 행복해지려면 기쁨뿐만 아니라 슬픔의 감정도 반드시 필요하다는 겁니다.

슬픔은 결코 나쁘기만 한 게 아닙니다. 저마다의 감정 하나하나가 우리 삶에 필요하듯, 우리 삶의 경영에 있어서도 부정의 역할은 긍정만큼이나 중요합니다. 긍정과 부정의 황금비율은 그래서 10 대 0이 아닌 겁니다.

우리 삶이 행복해지려면
기쁨뿐만 아니라
슬픔의 감정도
반드시 필요하다.

보여주기 위한 삶에 허덕이는 우리들

'번아웃 신드롬Burn-out Syndrome'으로 병원을 찾는 사람들이 매년 20%씩 늘어나고 있다고 합니다. 번아웃 신드롬은 '탈진 증후군'을 가리킵니다. 신체적·정신적으로 다 타버리고 재만 남은 상태가 된 것이지요. 처음에 태울 때는 왜 태우는지 그 이유를 알았습니다. 하지만 한참을 태우고 보니 내가 왜 스스로를 태우고 있는지 잘 모릅니다. 기억이 나질 않습니다. 오로지 성과만을 향해 달리다 보니 어느새 달리는 것 자체가 주가 되어버렸습니다. 주객이 전도된 겁니다. 그러니 성과와 상관없이 다 탄 재만 남고 마음은 허합니다. 심하면 무기력증에 빠지거나 자기혐오에 이릅니다. 남는 건 하나도 없습니다. 전문가들은 이런 무기력을 호소하는 사람들 대부분이 직장 내 업무나 동료 혹은 상사와의 관계로 고통받고 있다고 진단합니다. "그동안 회사를 위해 열심히 일했지만 건강만 나빠지는 등 나에게 남은 것이 없다." "회사를 위해 가족과 건강, 여가까지 다 포기했는데 문득 돌아보니 허무하다." "평가는 더욱 엄격해지고 경쟁이 치열해져서 낙오될 것 같다." 이는 모두 번아웃 신드롬으로 무기력을 호소하는 사람들의 이야기입니다.

번아웃 신드롬 셀프 테스트

매우 그렇다 5점 / 자주 그렇다 4점 / 가끔 그렇다 3점 / 보통 그렇지 않다 2점
전혀 그렇지 있다 1점

- 신체적 · 정신적으로 완전히 지쳤다. ( )
- 직장 생활에 대해 부정적인 생각이 든다. ( )
- 자주 화를 내고 공감 능력이 떨어졌다. ( )
- 사소한 일에도 쉽게 짜증이 난다. ( )
- 직장에서 무시당한다고 느낀다. ( )
- 주변에 터놓고 대화할 사람이 없다. ( )
- 기대보다 좋은 성과를 내지 못하고 있다. ( )
- 잘해야 한다는 압박감에 시달린다. ( )
- 직장에서 내가 원하는 것을 얻지 못하고 있다. ( )
- 나와 안 맞는 일을 하거나 그런 조직에 있다. ( )
- 나의 업무에 불만이 크다. ( )
- 사내 정치, 수직적 문화가 업무 능력을 저하시킨다.( )
- 주어진 일이 소화할 수 있는 수준보다 많다. ( )
- 성과를 낼 충분한 시간이 주어지지 않는다. ( )
- 업무 계획을 짤 시간이 충분하지 않다. ( )

합계 18점 미만 정상 / 19점~32점 미미한 수준의 번아웃 상태 /
33~49점 번아웃 신드롬 발생 가능한 상태 / 50점 이상 뚜렷한 번아웃 신드롬 상태

성과와 관련한 병적인 증상이 또 하나 있습니다. '성취 증후군'입니다. 스스로의 존재감을 보여주기 위해 목표를 향해 전력질주합니다. 그러나 막상 목표를 이루고 나면 공허함이 밀려옵니다. 허탈하기 짝이 없습니다. 그러니 도덕적 해이 혹은 정신적 해이가 뒤따라옵니다. 우리는 사회적으로 성공한 사람들의 어이없는 일탈을 종종 목격합니다. 유명 연예인이나 스포츠 선수가 이해할 수 없는 범죄를 저질러 신문 사회면을 장식하거나, 교수나 정치인 등 나름 오피니언 리더라고 하는 사람들이 한순간 비뚤어진 행동을 하여 사회적으로 추락하는 경우를 봅니다. 이게 바로 성취 증후군입니다.

번아웃 신드롬이나 성취 증후군이나 드러나는 양상은 조금 다르지만 그 원인은 맥이 닿아 있습니다. '보여주기 위한 삶의 부산물'이라는 겁니다. 주변 사람들에게 '나'라는 사람을 근사하게 보여주려 하니 그들의 기준에 맞춘 내 모습을 억지로 만들어내야 합니다. 그 과정에서 '진짜 나'는 사라져 버립니다. 보여주고 싶은 가짜의 내 모습을 만들어내는 것도 힘든 일이지만 그게 되더라도 원래 내가 원하던 모습이 아니기에 그 또한 힘든 건 마찬가지입니다. 결국 번아웃 신드롬과 성취 증후군은 뿌리를 같이하는 형제인 겁니다.

이 모든 현상의 원죄는 '성과'에 있습니다. 성과가 나면 인정해주고 그렇지 않으면 개밥 보듯 무시합니다. 성과가 인격이고 실적이 장땡입니다. 과정이야 어찌 되었든 결과만 나오면 만사 오케이입니다. 우리 사회의 수많은 사건 사고들도 그래서 일어납니다. 어제도 별일 없었으니 오늘도 아무 일 없겠거니 해서 생겨나는 사고들입니다. 과정은 중요치 않습니다. 아무 문제가 없었다는 결과만 중요한 겁니다. 안전 불감증이라 불리는 대한민국의 치부는 그렇게 차곡차곡 쌓여왔습니다. 우리 사회의 성장사도 그렇습니다. '성장 지상주의에 의한 돌진형 압축 근대화'라는 표현이 우리가 처한 현실을 웅변합니다. 모든 절차와 과정은 무시되기 일쑤입니다. 이게 바로 크고 작은 사고가 끊임없이 발생하는 '한국적 위험 사회'의 배경입니다.

작년 가을입니다. 이런 기사를 보았습니다. 한국인의 마음 온도가 평균 영하 13.7도라는 겁니다. 시장조사 기관인 마크로밀엠브레인이 ①고등학생 ②대학생 및 취업준비생 ③20·30대 직장인 ④40대 직장인 ⑤50대 직장인 등 5개 그룹 200명씩 총 1,000명을 대상으로 마음의 온도를 조사한 결과입니다. '견딜 만하다(0도)'를 기준으로 '걱정(-10도)', '심각(-20도)', '최악(-30도)', '약간 만족(10도)', '대체로 만족(20도)', '매우 만족(30도)'을 척도로 한 조사입니다.

그룹별로 살펴보면 ②그룹인 대학생과 취업준비생의 마음 온도가 영하 17.3도로 최저입니다. 취업에 대한 불안감 때문일 겁니다. ①그룹인 고등학생이 영하 15.7도로 그다음입니다. 입시에 찌든 마음의 고통이 그대로 드러난 탓이겠지요. 아직 미래가 불투명한 ③그룹 2030 직장인은 치열한 경쟁의 압박으로 영하 12.9도를 기록했고 ⑤그룹인 50대 직장인은 영하 12.1도를 기록했습니다. 언제까지 회사를 다닐 수 있을까 하는 초조함이 엿보이는 대목입니다. 마지막으로 ④그룹 40대 직장인이 영하 10.7도입니다. 물론 각 세대별로 차이는 있을 수 있습니다. 그런데 정말 슬픈 건 따로 있습니다. 우리나라 '모든' 세대들의 마음 온도가 '영하'라는 사실입니다. 대한민국 모든 사람들이 심리적으로 힘들다는 이야기입니다. 이게 다가 아닙니다. 치열한 생존 경쟁과 장기화되고 있는 불황 탓으로, 10명 중 8명은 앞으로 심리적 체감온도가 더 낮아질 것이라 대답했습니다.

그러니 다들 분초를 쪼개어 바쁘게 삽니다. 잠깐 한눈이라도 팔라치면 금세 경쟁의 대열에서 낙오될까 두려운 겁니다. 문화체육관광부 자료에 따르면, 2016년 한국인의 여가 시간은 평일 3시간 6분, 휴일 5시간으로 조사되었습니다. 그런데 이는 2014년의 평일 3시간 36분, 휴일 5시간 48분보다 각각 30분과 48분이 줄어든 수치입니다. 이 조사의 여가 시간은 근무·학습 시간과 취침·식사 시간 등 생리활동 시간을 제외한 시간입니다. 생리활동 시간이야 크게 변할 게 없으니 결국 업무 시간이 늘어났다는 이야기입니다. 이처럼 우리에게 무엇보다 중요한 건 일터이고 일입니다. 가족과 단란한 시간을 보낸다는 건 사치입니다. 그렇게 나를 팔러 여기저기를 뛰어다닙니다. 결과는 전술한 것처럼 번아웃 신드롬 혹은 성취 증후군입니다. 행복하려야 행복할 수가 없습니다. 세계 10위권의 경제력을 자랑하는 우리나라가 국민 행복지수, 더 나은 삶 지수, 지구촌 행복지수 등 각종 행복 지표들에서는 예외 없이 하위권에 처져 있는 이유가 여기에 있습니다.

물질적으로는 잘살지만 심리적으로는 행복하지 않은 대한민국 국민들. 인정하기 싫지만 인정할 수밖에 없는 불편한 진실입니다. 예전 모 이동통신회사의 TV광고 카피가 문득 떠오릅니다. "또 다른 세상을 만날 때는 잠시 꺼두셔도 좋습니다." 속도가 중요한 게 아닙니다. 방향이 제대로 잡혀야 목적지에 다

다를 수가 있습니다. 그럼에도 어디로 가야 하는지 방향을 잃은 채 다들 허둥대기만 합니다. 쓸쓸하기 짝이 없는 대한민국의 현재 모습입니다.

성과가 아니라 스스로를 사랑하다

쉰다고 쉬는데도 물먹은 스펀지처럼 처지고 피곤합니다. 모든 걸 숙제처럼 하기 때문입니다. 운동도 그렇습니다. 운동을 마치 전투처럼 합니다. 건강하자고 하는 운동이 오히려 강박과 스트레스가 되어 내 건강을 갉아먹습니다. 생각을 좀 바꿀 필요가 있습니다. 건강을 위해 운동하는 게 아닙니다. 운동 그 자체를 즐겨야 합니다. 운동이 가져다줄 결과는 잠시 잊어버리고 운동의 즐거움 그 자체에 집중해야 합니다. 내 몸의 움직임을 느끼고 주변 환경과 교감하는 스스로를 느껴야 합니다. 그러다 보면 건강은 따라옵니다. 일도 그렇습니다. 일이 가져다주는 보상에 초점을 맞추면 일은 힘든 노동이 됩니다. 같은 일도 즐기면 놀이가 되는 것처럼 일의 결과가 아니라 일 그 자체를 사랑해야 합니다. 건강한 삶은 그런 겁니다.

SNS에서 우연히 어느 분의 글을 보았습니다. 아침에 일찍 일어나는 습관을 들이기 위해 일찍 일어나지 않을 수 없는 환경과 장치를 만들어놓고 스스로를 그리로 밀어 넣었다는 내용이었습니다. 예컨대, 두 시간 거리의 영어학원에 등록해놓고 새벽 4시에 일어나 집을 나서는 겁니다. 글의 포인트는 '영어 실력 늘리기'가 아니라 '새벽에 일찍 일어나기'였습니다. '왜 저분은 저렇게까지 스스로를 힘들게 하면서 일찍 일어나려 하는 걸까?' 자세한 속사정은 모르겠습니다만, 제일 먼저 든 생각이었습니다.

목적이 의미가 있다면야 스스로의 도전 역시 가치가 있을 겁니다. 하지만 우리 대부분은 그런 목적도 없이 그저 일찍 일어나려고만 합니다. 치열한 경쟁의 세상을 몇 걸음이나마 앞서 살아가려면 '아침형 인간'이 좋을 거라는 막연한 믿음 때문입니다. 그러니 스스로를 학대하며 일찍 일어나려 기를 씁니다. 그런 새벽 기상이 얼마나 도움이 될지 잘 모르겠습니다. '아침형 인간'이 있듯이 '저녁형 인간'도 있게 마련입니다.

돌아보면, 어릴 적 소풍 가기 전날엔 쉽사리 잠이 오지 않았습니다. 마음이 설레서입니다. 그런 날은 아침에 눈도 일찍 떠집

일이 가져다주는 보상에
초점을 맞추면
일은 힘든 노동이 된다.

같은 일도 즐기면
놀이가 되는 것처럼
일의 결과가 아니라
일 그 자체를 사랑해야 한다.

니다. 의도해서가 아닙니다. 몸이 절로 반응하는 겁니다. 내가 좋아하는 일은 몸도 이처럼 자연스레 반응합니다. 일어나지 않을 수 없는 피가학적 상황을 만들기보다는 즐겁게 일어날 수 있는 이유와 의미를 찾는 게 훨씬 더 중요합니다. 먼저, 즐겨야 합니다.

이제는 은퇴한 박세리 선수의 고백은 많은 것을 생각하게 합니다. "대회에 출전하고 우승을 거듭하는 동안 즐겁고 행복했습니까?"라는 질문에 박세리 선수는 이렇게 대답합니다. "아뇨, 그때는 몰랐어요. 내가 어느 순간부터 즐기지 못하게 됐다는 걸." 박세리 선수는 자기 스케줄을 정말 지독하게 짰다고 합니다. 세계적인 선수들과 피 말리는 경쟁을 할 때니 컨디션 관리를 위해서 혀를 내두를 정도의 연습과 훈련을 소화한 겁니다. 취미마저 다 낭비며 사치라 생각하고 죽도록 운동만 했다는 박세리 선수는 그야말로 가장 완벽한 틀 속에 스스로를 가둬놓았다고 표현합니다. 자기기만이었습니다. 그녀는 스스로를 그렇게 속였던 겁니다. '지금 괜찮아', '정말 잘하고 있어' 하면서 내 몸을 학대했던 겁니다. 결과는 뻔합니다. 느닷없는 슬럼프에 그녀는 주저앉았습니다. 순식간에 무너져 내렸습니다. 박세리 선수를 다시 일으켜 세운 건 자신을 더 아껴줘야겠다는, 스스로에 대한 사랑이었습니다. 주위를 더 돌아보며 쉬어 가야겠다는, 삶에 대한 애정이었습니다.

인정사정없이 스스로를 몰아붙였음에도 새벽 기상에 실패한 사람은 이제 스스로를 더 힘든 상황으로 몰아넣을 겁니다. 극한의 상황까지도 치달을 수 있습니다. 하지만 중요한 건 나 자신입니다. 나의 행복입니다. 의미와 재미를 찾지 못한 일은 부질없는 고통일 뿐이라는 사실을 알아야 합니다.

"나란 사람도 남들과 다를 바가 없더라고요. 힘들면 울고 즐거우면 웃는 사람이었는데, 그동안 나는 그런 것에 초연한 사람인 척 살아왔어요. 남들보다 강하다고 믿었어요. 그게 아니라는 걸 알았어요. 나도 약하다는 걸, 나도 보호받아야 한다는 걸, 나도 더 행복해지고 싶다는 걸 알았어요. 그걸 알고 나니 편해졌어요. 그때부터 비로소 공을 치는 게 즐거워졌어요."

박세리 선수의 이 말은 방향을 잃은 하루하루를 힘들게 살아내고 있는 우리에게 작지만 큰 울림을 줍니다.

힘들면 울고
즐거우면 웃는 사람이었는데,
그동안 나는 그런 것에
초연한 사람인 척 살아왔다.

나도 약하다는 걸,
나도 보호받아야 한다는 걸,
나도 더 행복해지고 싶다는 걸
알았다.

로봇이 아니라 사람을 원하다

재임 시절의 오바마 미국 대통령을 기억합니다. 그 기억은 주로 그의 말과 글보다는 그의 모습을 담은 사진을 통한 겁니다. 예컨대, 갓난아기의 눈높이에 맞추고자 바닥에 무릎을 대고 엎드려 아이의 눈을 바라보는 대통령, 컴퓨터 모니터를 들여다보며 자기 할 일을 하고 있는 비서 옆에서 가상현실 헤드기어를 머리에 쓰고 있는 대통령, 백악관 청소부 직원과 격의 없이 주먹인사를 나누는 대통령, 길에서 만난 자그마한 꼬마 아이와 허리를 숙여 주먹인사를 나누는 대통령의 모습 같은 것들입니다. 권위의식이 '1'도 없는, 너무나 말랑말랑한 이 사진들을 처음 보았을 때는 충격이었습니다. 이런 대통령을 가진 미국 사람들에 대한 부러움이 일었습니다. 질투심까지도 생겼습니다. 계획된 연출이었을까요? 물론 그럴 수도 있을 겁니다.

하지만 우리는 왜 이 정도 연출도 못 했던 걸까요? 우리가 기억하는 대부분의 우리나라 대통령들은 장관이나 비서관 열 명쯤은 기본 패키지로 대동하고 다녔습니다. 그나마 혼자 있는 모습도 스스로가 구국의 리더임을 온몸으로 보여주려는 듯 엄숙하고 근엄하고 진지하기 짝이 없는, 시쳇말로 '엄근진(엄숙·근엄·진지)' 가득한 사진들입니다. 그만큼 온몸이 통나무처럼 뻣뻣하게 굳어 있는 겁니다. 목도 그렇고 어깨도 그렇고 힘이 잔뜩 들어가 있습니다. 인간적인 느낌은 온데간데없습니다. 나랑은 전혀 상관없는, 신화 속 비현실적 캐릭터나 다를 바 없습니다.

트럼프와 힐러리가 맞붙었던 지난 미국 대통령 선거를 앞두고 〈뉴욕타임스〉의 칼럼니스트 데이비드 브룩스는 〈왜 힐러리는 트럼프 못지않게 비호감인가〉라는 칼럼을 썼습니다. 그중 한 대목입니다. "TV에 나타나는 클린턴의 얼굴을 보라. 인간이라기보다 '선수(프로페셔널)'란 느낌이 들지 않는가. 클린턴은 완벽에 가까운 인물이다. 늘 부지런하고 계획적이며 목표에 집중하고 주변에 대해 의심의 끈을 놓지 않는다. 하지만 우리 같은 '사람'이 아니라 워싱턴 정치머신에 종속된 하나의 '기관'으로 느껴질 뿐이다." 인간적인 느낌을 줄 수 있는 힐러리의 사생활에 대해서는 사람들이 아는 게 하나도 없습니다. 골프와 농구를 좋아하는 오바마를 생각하면 더욱 비교되는 대목입니다. 인간적인 면모보다는 그저 일 잘하는 기계적 엘리트의 이미지인 겁니다. 결국 '사람 냄새'가 안 난다는 게 힐러리 비호감의 핵심적 이유란 분석입니다. 놀랍게도 그렇게나 상종가의 인기를 누렸던 힐러리는 사상 최악의 대통령 후보라 불린 트럼프에게 밀려 대선에서 고배를 들었습니다. 정나미 떨어지는 '엘리트 로봇'이 아니라 인간미 물씬 풍기는, 나와 같은 '사람'을 원했던 유권자들의 마음입니다.

"문제는 그가 사람들의 분노에 어떻게 감성적으로 대처할지 알고 있었다는 것입니다. 나는 분노를 해결할 '정책'이 있었는데, 정작 사람들은 해결책보다는 함께 분노해줄 사람과 그 말을 원했습니다." 대선 이후 힐러리 스스로가 밝힌 패인입니다.

지난 2016년에는 인간과 로봇의 피아노 배틀이 열렸습니다. 인공지능 알파고가 이세돌을 이긴 지 얼마 안 된 시점이었기에 인공지능에 대한 관심이 하늘을 찌를 때였습니다. 이탈리아 피아니스트 로베르토 프로세다와 피아노로봇 테오 트로니코. 물론 테오의 연주는 한 치의 오차도 없이 정확했습니다. 하지만 심금을 울리는 인간적인 그 무언가는 느껴지지 않았습니다. 듣는 이의 감정을 요동치게 만드는, 말이나 글로는 설명하기 어려운 그 무엇이자 사람들이 힐러리에게서 찾아낼 수 없었던 바로 그 무엇 말입니다.

나는 분노를 해결할
'정책'이 있었는데,
정작 사람들은 해결책보다는
함께 분노해줄 사람과
그 말을 원했다.

영웅과 인간의 기로에서

2014년 8월, 프란치스코 교황이 우리나라를 찾았을 때 특별히 지명하여 만나겠다고 한 사람이 있습니다. 루카선교회 소속 이구원 선교사입니다. 이구원 선교사는 선천성 사지절단증으로 태어날 때부터 팔다리가 없었습니다. 출생과 동시에 서울 성가정입양원에 맡겨졌다 100일도 안 되어 루카선교회로 가 장애인 특수학교를 졸업한 후, 검정고시를 통해 대전카톨릭대학교를 마치고 대학원에서 공부를 이어가고 계십니다. 이구원 선교사처럼 선천적으로 팔다리가 없는 장애인 중 세계적으로 유명한 사람이 둘 있습니다.《오체불만족》의 저자 일본의 오토다케 히로타다와《허그》의 저자 호주의 닉 부이치치입니다. 오토다케는 어머니의 의지와 본인의 각별한 노력으로 비장애인과 똑같은 교육 과정을 밟고 와세다대학 정치학과를 졸업했습니다. 닉 부이치치 역시 부모의 교육철학으로 비장애인과 함께 호주 로건그리피스대학교에서 회계와 경영을 공부했습니다. 모 신문사와의 인터뷰에서 이구원 선교사는 두 사람에 대해 이렇게 이야기합니다.

"오토다케는 장애를 이겨야 할 대상으로 보고 극복하려고 해요. 힘든 점을 있는 그대로 드러내기보다는 이겨내는 과정을 너무 중요시하는 것 같았어요. 반면 부이치치는 어렸을 때 자살 기도를 했다는 사실을 고백하기도 했죠. 극복해서 행복해지려 하기보다 고통을 그대로 보여주는 점이 더 와 닿았어요. 그래야 남을 이해할 수 있는 밑거름이 되는 것 같고요. 저도 고통을 갖고 있다는 점을 가감 없이 드러내고, 고통을 가진 사람들에게 귀를 기울이고 싶어요." 요컨대, 이구원 선교사의 눈에 비친 오토다케는 '영웅'이었던 반면, 부이치치는 '인간'이었습니다. 그래서일까요. 오토다케는 직접 만난 적이 있지만 왠지 아직 한 번도 만난 적이 없는 부이치치가 더 끌린다는 게 이구원 선교사의 이야기입니다.

우리가 잘 알고 있는 또 다른 영웅이 있습니다. 야구의 신神 '야신'이라 불린 김성근 감독입니다. '우승 청부사'란 별명으로 녹색 다이아몬드를 호령했던 김성근 감독은 2014년 어느 인터뷰에서 이렇게 말합니다. "내가 하는 야구가 더럽다는 이야기도 있는데, 더럽든 지저분하든 이겨야 한다. 승부의 세계란 원래 그런 거다. 룰 안에서만 행동하면 된다. 세상 사람이 뭐라고 하든 이기면 된다." 진짜 대단합니다. 범인으로서는 범접할 수 없는 경지입니다. 그래서 그는 '영웅'을 넘어 '신'이 될 수 있었나 봅니다. 실제로 그는 1998년 쌍방울 감독 시절 신장암 판정을 받은 바 있습니다. 하지만 시즌 중이었습니다. 김성근 감독은 주변에 이 사실을 철저히 비밀로 부쳤습니다. 전반기 시즌이 끝나서야 그는 병원을 찾아 수술을 받았습니다. 다른 사람들에게는 간단한 결석 제거 수술이라 했습니다. 그는 수술 다음 날 병상에서 일어나 운동장으로 나왔습니다. 야구인은 야구장에서 쓰러져야 한다는 생각 때문이었습니다.

모두가 우러러보는 야신이었지만 그는 항상 외로웠습니다. 스스로 쌓아 올린 자신만의 성벽이 너무 높았었나 봅니다. "고민거리가 있어서 술 마시고 싶을 때 수첩을 들여다보면 같이할 사람이 없다. 나는 약한 모습을 다른 사람들에게 보이고 싶지 않다. 술 마시고 싶을 때 누구를 만나면 반드시 속 이야기가 나오는데 그걸 보여주고 싶지 않다. 그냥 혼자 한잔 마시고 만다. 외롭고 괴롭고 힘든 건 리더니까 그렇다. 그걸 피한다면 리더로서의 자격이 없는 거다."

야구사에 길이 남을 김성근 감독의 화려한 업적이야 존중하고 인정하지만 만약 저에게 그렇게 살라고 하면 저는 단호히

고개를 저을 겁니다. 그 빛나는 성취는 이처럼 스스로를 궁극의 외로움으로 몰아넣은 대가이기 때문입니다. 사람마다 생각이 다르겠지만 저는 그렇게 살고 싶은 생각이 추호도 없습니다. 김성근 감독은 덧붙입니다. "나는 늘 혼자 끙끙 앓는다. 병도 많이 걸렸다. 그래도 10년 동안 아무에게도 말 안 했다. 내가 약점을 보이는 순간 물이 높은 데서 낮은 데로 흐르듯 사회가 하루아침에 나를 없애버릴 수 있기 때문이다. 물이 못 따라오게 내가 더 높은 곳에 있어야 한다." 스스로를 극한으로 몰아붙인 '절대 고독'의 경지입니다. 야구인으로서는 어떨지 몰라도 제 눈에 비친 그는, 감히 평하건대 무척이나 외로운 사람입니다.

이구원 선교사와 김성근 감독의 이야기를 꺼낸 이유는 다른 게 아닙니다. 세상을 구하는 건 '영웅'이지만 우리는 '인간'에게서 위로를 얻는다는 것입니다. 우리 모두 '영웅'이 되고 싶어하지만 우리 모두는 '인간'입니다. 우리 바로 옆에 있는 '인간'과 달리 '영웅'은 너무나 크고 멀리 있는 존재입니다.

상상해볼까요? 수퍼맨이 암에 걸린다면 어떻게 할까요? 우리가 영화나 드라마에서 흔히 보았던 인간의 모습처럼 땅이 꺼

저라 긴 한숨을 내쉬며 좌절하고 절망하지는 않을 듯합니다. 누가 이기나 한번 해보자, 뜨거운 투병 의지로 병마와 싸워 낼 듯합니다. 하지만 일개 '인간'으로서는 쉽지 않은 일입니다. '영웅'이기에 가능한 일일 겁니다.

머리말에서 밝혔듯 저 역시 암에 걸렸었습니다. 대장암 3기. 죽을지 살지 아무도 모르는 상황이었습니다. 여기서 저는 '투병鬪病'이 아니라 '친병親病'을 선택했습니다. 영웅이 되어 병과 맞서 치열하게 싸운 게 아니라 담담하게 병을 받아들였습니다. 어차피 사람의 힘으로 어떻게 할 수 있는 일이 아니라고 생각했습니다. 싸운다고 이길 수 있는 것도 아니란 생각이었습니다. 지상의 여행을 마치는 그날까지는 '행복한 순례자'이고자 했던 겁니다. 2008년 대장암 선고를 받은 이해인 수녀님도 병이 나고 4년이 흐른 후 이런 이야기를 합니다.

"하루도 죽음을 생각하지 않는 날이 없어요. 하지만 어머니께서 돌아가시고 나서부터 죽음이 친근해졌어요. 지금은 죽어도 괜찮다는 마음입니다. 굉장히 평온해요. 제가 이렇게 명랑하게 투병할 줄 실은 나도 잘 몰랐어요. 그러면서 4년을 견딘 거예요."

세상을 구하는 건 '영웅'이지만
우리는 '인간'에게서
위로를 얻는다.

우리 모두 '영웅'이
되고 싶어 하지만
우리 모두는 '인간'이다.

우리 바로 옆에 있는
'인간'과 달리
'영웅'은 너무나 크고
멀리 있는 존재다.

이해인 수녀님 말씀을 들으니 저랑 뭔가 비슷한 부분이 보입니다. 커다란 흐름에 격렬하게 맞섰다기보다는 힘을 빼고 그 흐름에 몸을 맡겼다는 점입니다. 물론 어떤 게 병을 치유하는 데 더 나은 건지는 알 수 없습니다. 다만 영웅의 모습이 아니라 인간의 모습이 한결 편안하고 여유로워 보인다는 겁니다. 세상에는 영웅보다는 인간이 훨씬 많기 때문이 아닐까 생각해봅니다.

이상하자, 일탈하자

투명한 유리병 하나. 바닥을 햇빛이 좋은 창 쪽으로 해서 뉘어놓고 벌 몇 마리를 집어넣는다. 밝은 쪽으로 가면 출구가 있다는 것을 아는 똑똑한 벌은 빛이 비치는 바닥 쪽으로만 몰려간다. 하지만 거기서 한참을 날아다녀도 출구를 찾을 수 없다. 반면 벌만큼 똑똑하지 않은 파리는 출구를 찾아 여기저기 종횡무진 모든 방향을 다 날아다닌다. 벌의 입장에서 보면 한심하기 짝이 없는 행동이다. 하지만 결국 병을 빠져 나오는 건 파리다. 답을 '아는' 벌과 답을 '모르는' 파리의 운명은 이렇게 엇갈린다. 톰 피터스의 역저《초우량 기업의 조건》에 나오는 벌과 파리의 이야기다.

어떤 회사가 성공한 전략이라고 해서 다른 회사도 그 전략으로 똑같이 성공할 수는 없다. 사람이 다르고 상황이 다르고 업종이 다르고 맥락이 달라서다. 내 삶의 경영도 마찬가지다. 세상 70억 인구 중 나와 같은 사람은 단 하나도 없다. 이 세상에 나란 사람은 오로지 나 하나뿐이다. 그러니 가장 나답게 행동할 때 가장 독창적일 수 있다. 세상 어느 누구와도 다른 나만의 고유한 방식이기 때문이다. 남들은 어떻게 하는지 다른 사람 쳐다볼 필요도 없다. 받아 든 저마다의 문제지가 달라서다. 문제지가 다르니 답도 다를 수밖에 없다. 그러니 옆 사람 것 보고 베껴 쓸 생각은 일찌감치 접는 게 좋다. 내게 맞는, 나의 정답을 찾아야 하는 이유다.

노자는 '천하개지미지위미 사악이天下皆知美之爲美 斯惡已 개지선지위선 사불선이皆知善之爲善 斯不善已'라 했다.《도덕경》2장에 나오는 말이다. 세상 모든 사람들이 아름답다고 하는 걸 나도 그렇다고 하면 그건 나쁜 일이고, 세상 모두가 좋다고 하는 걸

나도 좋다고 하면 그 역시 나쁜 일이라는 뜻이다. 획일적 기준에 대한 노자의 비판적 시각이 엿보이는 대목이다. 좋고, 나쁘고, 아름답고, 추함은 저마다의 기호와 취향이 있으니 칼로 무 자르듯 일률적 기준으로 결정할 수 없는 일이다. 하지만 사람들은 스스로를 숨기고 산다. 대세를 살펴보고 거기에 편승한다. 그게 편해서다. 누군가가 정해놓은 기준을 따르면 편하게 묻어갈 수 있다. 그러니 내 생각은 멈춘다. 남의 생각만 살핀다.

'기준'은 곧 권력이다. 기준에서 벗어나면 비난이 쏟아진다. 끊임없이 기준을 살피고 확인하는 이유다. 내가 튀어 보이지 않을까 두려운 거다. '지나치게 자기 뜻대로만 하거나 잘난 척하지 않기' 등을 학교 폭력 예방법으로 적시해놓은 모 교육청 학교 폭력 예방 포스터를 보면, 교실에서 수업 중 손을 들고 발표하는 학생의 모습이 담겨 있다. 수업 시간에 튀면 왕따당할 수 있으니 질문도 하지 말고 대답도 하지 말고 잠자코 있으라는 메시지나 다름없다. 아이들의 교육을 책임지는 교육청의 시각이 이 정도이니, 우리 아이들은 어릴 때부터 나를 죽이며 산다. 남의 눈치 보며 남의 기준에 맞추어 사는 삶에 나는 없다. 내가 없는 내 삶이 행복할 리 없다.

실없는 유머이긴 하지만, 하다못해 자살을 하더라도 저마다의 방법이 다르다. 예컨대, 사람은 무거운 돌덩이를 몸에 묶어 바다로 뛰어들어야 한다면 반대로 물고기는 풍선을 몸에 묶어 물 밖으로 나와야 한다. 한 잔의 마실 물과 금반지도 사람에 따라, 상황에 따라 그 가치가 다르다. 무인도에 버려져 일주일을 굶은 이에게 금반지는 무용지물이다. 그에겐 마실 물 한 잔이 훨씬 소중하다. 내 입장에서의, 내 관점에서의 주체적 판단이 필요하단 얘기다.

남의 생각을 무비판적으로 받아들이며 사는 건 나다운 삶이 아니다. 내 생각을 생산해야 나답게 사는 거다. 그게 내 삶의 주체로 사는 길이다. 외부의 지식과 경험, 기준으로 가득한 마음속에 스스로 지어놓은 틀을 없애야 한다. 노자는 그걸 '무위無爲'라 했다. 비우고 내려놓는 거다. 비워야 채워진다. 내려놓아야 올라간다. 무위를 통해 '참나'를 만나는 거다. 세상에 유일한, 오롯한 나의 존재 말이다.

벤치마킹의 유효기간은 끝나가고 있다. 다른 이의 성공 방식을 그대로 내게 이식해봐야 별무소용이다. 요즘같이 복잡다단한 세상에서는 더더욱 그렇다. 회남淮南의 귤을 회북淮北으로 옮겨 심으면 탱자가 되는 것처럼 환경과 조건에 따라 사물의 성질은 변한다. 경영도 마찬가지다. 내 정답은 내가 찾자. 정답은 정해진 하나가 아니라 내가 만들어가는 만큼 많다. 내가 갈 길, 내가 만들며 가야 한다. 남들 마음에 들자고 사는 인생이 아니기 때문이다. 한 방향으로만 달리는 일방적 궤도에서 살짝쿵 떨어져 나오면 나름의 재미와 의미가 쏠쏠하다.

정상적인 상태와 다른 걸 우리는 '이상하다'라고 표현한다. 지금까지의 경험이나 지식과는 달리 별나거나 색다름을 표현하는 말이기도 하다. 이제 기계적 일사불란함이 필요하던 시대는 저물었다. 개개인의 개성과 색깔이 필요한 세상이다. 이상해야 한다. 일탈해야 한다. '이상'과 '일탈'이란 표현은 그래서 곧 도전이고 용기다. 우리 모두 각자의 방식대로 이상하자. 우리 모두 각자의 방향으로 일탈하자.

'결과'에서 행복을 찾는 서양적 사고방식과 '과정'에서 행복을 찾는 동양적 사고방식의 비교는 우리에게 새로운 통찰을 준다. 내게 맞는 내 옷을 찾아 입어야 한다. 어차피 내 뜻대로만 되지 않는 세상이다. 그러니 주어진 상황에서 나를 잃지 않고 씩씩하게 나갈 일이다. 인생은 남들보다 먼저 결승선을 통과해야 하는 단선적 경쟁이 아니기 때문이다. 스스로를 믿고 한 발 한 발 나아가는 거다. 그렇게 만들어진 '행복한 실패'가 '위대한 성공'으로 이어진다. '나중, 거기'가 아니라 '지금, 여기'에 충실할 일이다!

목표 없이 성공하라

성공학은 전가의 보도일까?

성공이 간절한 세상이어서인지 이른바 '성공학'이 인기입니다. 우리나라에 도입된 서양의 성공학은 비전과 목표 수립에서부터 출발합니다. 꿈과 비전, 목표를 설정하고 그런 목표를 달성하기 위해 시간을 역산하여 지금은 무엇을 해야 하나 계획한 뒤, 하루하루 치열하게 열정을 불태우며 미래를 위해 노력하면 성공할 수 있다는 게 성공학의 요체입니다. 중요한 이야기입니다. 실제로 나태한 나를 돌아보고 반성하는 데 도움이 되는 이야기이기도 합니다. 그러나 예전부터 정확하게 무엇인지는 모르겠지만 100% 공감하기는 힘든, 설명하기 어려운 그어떤 찜찜함이 있었습니다. 서양에서 들어온 이런 성공학이 '과연 성경만큼이나 전가의 보도인가?' 하는 의문입니다.

"넌 꿈이 뭐야?" 언제부턴가 우리는 '꿈'을 이야기하고 '비전'을 말합니다. 만약 없다고 하면 '생각 좀 하고 살라'는 구박을 받기 십상입니다. 생각대로 살지 않으면 사는 대로 생각하게 된다는 타박도 이어집니다. 하지만 진짜 한번 짚어볼 일입니다. 그런 게 '반드시' 있어야 하는지 말입니다.

《목표 없이 성공하라》란 책이 있습니다. 이 책은 미국에서 공부한 한 일본인 HR 컨설턴트가 쓴 책인데, 동양과 서양의 다른 문화와 가치관 때문에 서양의 성공학 프레임이 동양에는 적합하지 않을 수도 있다는 결론을 내놓습니다. 서양에는 '목표 추구형'이 많다면 동양에는 '심리적 만족형'이 많다는 겁니다. 이를테면, 장사가 아주 잘되는 두 식당의 주인을 각각 인터뷰합니다. 당신의 10년 뒤 꿈은 무엇이냐는 질문에 한 주인은 기다렸다는 듯이 자신 있게 대답합니다. "10년 뒤에는 외식 프랜차이즈 기업의 CEO가 되어 전국에 300개의 매장을 거느리고 5,000억 원의 매출을 달성할 겁니다." 반면 다른 주인은 이렇게 대답합니다. "꿈이요? 글쎄요, 난 그런 건 잘 모르겠고요, 그저 우리 가게에 오시는 손님들이 맛있게 잘 먹었다며 밝게 인사하면서 나갈 때, 그때가 제일 행복해요."

자, 여러분은 어떤 유형인가요? 전자가 '목표 추구형'이라면 후자가 '심리적 만족형'입니다. 목표 추구형 인간은 '미래의 원하는 모습'을 실현시키고 싶다고 생각하면 의욕이 생깁니다. 원하는 모습에서 역산하여 설정한 목표를 하나씩 달성하고, 결과에 가까워지고 있다는 느낌을 받는 게 중요하지요. 반면 심리적 만족형은 '자기다움'을 충족시키고 싶다고 생각하면 의욕이 생깁니다. 자기다움이 충족되었다고 느끼는 일을 꾸준히 해나가고 그 충족감을 중요시합니다. 앞서 인터뷰한 두 식당 사장님 중 10년 뒤 누가 성공할지는 알 수 없습니다. 하지만 확실한 게 있습니다. 동양과 서양의 가치관과 사고방식도 이처럼 다르다는 것입니다.

원숭이와 호랑이 그리고 바나나 중에서 연관성 높은 두 가지를 묶어보라는 질문을 해보면, 대부분의 서양인은 호랑이와 원숭이를 선택합니다. 호랑이와 원숭이는 둘 다 동물이라는 생각입니다. 하지만 동양인은 원숭이와 바나나를 묶습니다. 바나나를 먹는 게 원숭이이니 당연한 일입니다. 이처럼 서양인은 '범주'에, 동양인은 '관계'에 초점을 맞춥니다. 동서양의 차이를 보여주는 이런 사례들은 차고도 넘칩니다.

서양화와 동양화의 비교입니다. 서양의 유화는 물감을 켜켜이 쌓아가며 그리는 그림입니다. 잘못 그리면 마른 뒤에 긁어내면 그만입니다. 덧칠도 가능합니다. 하지만 동양화는 다릅니다. 먹물이 종이에 스며들고 나면 그걸로 끝입니다. 종이와 먹물이 하나가 되는 겁니다. 수정이란 있을 수 없습니다.

동양과 서양은 이처럼 많은 것들이 다릅니다. 오죽하면 웃음을 표현하는 이모티콘마저도 다를까요? 서양에서는 웃음을 표현하는 이모티콘으로 :)를 씁니다. 웃고 있는 '입' 모양에 초점을 맞춘 겁니다. 하지만 동양은 또 다릅니다. ^^를 통해 '눈'에 주목합니다. 서양에서는 입이 웃어야 웃는 것이고 동양에서는 눈이 웃어야 웃는 겁니다.

체스와 바둑은 또 어떤가요? 우리의 병력이 얼마가 남았든 체스는 적의 왕만 잡으면 이기는 게임입니다. 하지만 바둑은 땅을 넓혀감으로써 승부를 결정짓는 경기입니다. 당구 경기도 동양과 서양의 방식은 좀 다릅니다. 서양의 포켓볼은 내가 선택한 편의 공을 쳐서 모두 구멍에 집어넣어야 승리합니다. 동양의 당구 게임은 내 공을 쳐서 나머지 두 개의 공을 차례로 맞추어야 점수가 올라갑니다. 서양 당구가 공을 모두 구멍에 넣으면 끝이 나는 '심판'의 메커니즘이라면 동양 당구는 공들을 계속 부딪치게 만드는 '관계'의 메커니즘입니다.

춤도 그렇습니다. 서양의 춤인 발레는 인간의 몸을 '직선'으로 펴는 동작들이 주를 이룹니다. 다리를 뻗고 허리를 세워 180도를 넘나드는 각도를 보여주는 게 발레입니다. 반면 우리 한국무용은 '곡선'을 그리는 동작들이 가득합니다. 전문가들의 말을 빌리자면, 왼팔에서 나간 선이 지구를 한 바퀴 돌아 오른손으로 돌아오는 느낌으로 춤을 추라고 한다니 이렇게 유려한 곡선이 따로 없습니다.

말에 관한 관점의 차이도 재미있습니다. 서양 사람은 물에 빠졌을 때 "Help me!"라 소리칩니다. 반면 동양인의 외침은 "사람 살려!"입니다. 전자가 1인칭 시점의 표현이라면 후자는 3인칭 시점의 그것입니다. 서양인은 '나'를 중심으로 세상을 보는 반면 동양인은 '세상'을 중심으로 나를 보는 겁니다. 학창 시절 우리를 정말 헷갈리게 했던 영어의 부정의문문도 같은 맥락입니다. 부정의문문은 부정을 포함한 질문을 가리킵니다. 예컨대, "Didn't you have a lunch?(너 점심 안 먹었어?)"라는 물음 말입니다. 이런 질문에 우리는 상대의 질문에 맞추어 대답을 합니다. 안 먹었으면 "응, 안 먹었어" 하고, 먹었으면 "아니, 먹었어" 하고 답하지요. 질문에 맞추어 대답하는 겁니다. 하지만 서양은 다릅니다. 상대가 긍정으로 묻든 부정으로 묻든 상관없습니다. 내가 먹었으면 'Yes'요, 안 먹었으면 'No'인 겁니다.

서양과 동양의 차이를 이렇게 늘어놓은 건 이유가 있습니다. 문화가 다르고 환경이 다른데, 서양의 성공학이 과연 동양에 아무런 부작용 없이 이식되는 게 가능할까 하는 의문을 제기하고 싶어서입니다. 그래서 나오는 표현이 '목표 없이 성공하라'입니다. 서양과 달리 동양에는 심리적 만족형이 많으니 목표가 아니라 과정에서 얻는 행복을 한 발 한 발 따라가다 보면 성공할 거라는 이야기입니다. 결과가 아니라 과정에 초점을 맞추라는 이야기지요. 서양의 성공학도 무비판적으로 받아들일 게 아니라 우리 문화와 상황에 맞게끔 주체적, 비판적으로 수용할 필요가 있는 것입니다.

꿈과 미션은 발견되는 것이다

JTBC의 인기프로그램 〈비정상회담〉에서 꿈에 대한 이야기를 나눈 적이 있습니다. 그때 나온 말이 'Burn the bridge', 말 그대로 건너온 다리를 불태우는 겁니다. 우리로 치면 배수의 진을 친 겁니다. 하지만 그렇게 꿈을 향해 맹렬히 돌진해도 별로 행복하지 않더라는 게 이야기의 결론이었습니다. 자신의 꿈을 위해 주변의 모든 것을 끊어내는 것이 과연 맞을까 하는 것이었죠.

"나는 내가 지금 하고 있는 것을 계속할 거야. 더 많은 시간이 필요할 거고, 넌 점점 더 날 만나기 어려워질 거야. 우리 사이는 점점 나빠질 거고, 넌 점점 더 날 미워하겠지. 넌 드럼 좀 그만 치고 함께 시간을 보내자고 하겠지만 난 그러지 않을 거야. 오히려 네가 날 끌어내리려 한다고 생각하겠지. 그러면 머지않아 우린 서로 미워하게 될 거야. 그러기 전에 지금 헤어지자고. 난 최고가 되고 싶거든."

영화 〈위플래쉬〉에 나오는 주인공의 대사입니다. 음악 때문에 여자 친구에게 이별을 고하는 장면입니다. 요컨대 '성공'을 위해서 '사랑'을 버리겠다는 건데요, 사람마다 다를 수 있지만 제 눈에는 저렇게 해서 이룬 성취가 그에게 어떤 의미가 있을지 잘 모르겠습니다. 꿀벌의 삶의 목적이 꿀이 아니듯, 우리 인간도 돈이나 명예 혹은 그 어떤 성취가 삶의 전부는 아니지 않을까요? 중요한 건 내 삶의 이유입니다. 그러고 보면 정상 정복이라는 결과가 아니라 정상까지 올라가는 과정 자체가 행복이다 싶습니다. 꿈은 이루고 나면 신기루처럼 사라져버립니다. 매번 꿈에 목을 매다 보면 남는 것이 없습니다. 꿈을 이루는 그 과정이 우리네 삶인 겁니다.

조형기 씨와 유세윤 씨가 있습니다. 조형기 씨는 '탤개맨'의 원조로, 유세윤 씨는 '개가수'의 대표로 회자되는 연예인입니다. 탤개맨은 탤런트와 개그맨을 합친 말로 '개그맨처럼 웃기는 탤런트'라는 의미로 쓰입니다. 개가수 역시 개그맨과 가수의 합성어입니다. 여기서 문득 궁금해집니다. 조형기 씨의 어렸을 적 장래희망이 탤개맨이있을까, 하는 겁니다. 아마 그렇지는 않을 겁니다. 탤개맨이라는 말이야 최근에 생긴 것이니 탤개맨이 수십 년 전 어린 시절 조형기 씨의 목표였을 리 만무합니다. 유세윤 씨 역시 마찬가지입니다. 개그맨을 하다 우연한 계

꿀벌의 삶의 목적이
꿀이 아니듯
우리 인간도
돈이나 명예 혹은
그 어떤 성취가
삶의 전부는 아니지 않을까?

중요한 건 내 삶의 이유다.

기로 가수로 데뷔했기에 붙여진 별명일 뿐입니다.

여기서 또 삶의 한 자락을 읽게 됩니다. 어릴 때부터 그들은 탤개맨이나 개가수의 꿈을 향해 하루하루 살아온 게 아닙니다. 지금껏 살아오면서 마주친 매 선택의 순간에서 그들은 고민했을 겁니다. 그렇게 한 발 한 발 가다 보니 어느 순간 조형기 씨는 탤개맨이 되어 있고 유세윤 씨는 개가수가 되어 있더라는 겁니다. 나름 성공하신 분들과 이야기를 나누다 보면 종종 묻게 됩니다. 성공의 비결에 대해 말입니다. 그럴 때면 놀랍게도 이런 대답이 돌아오는 경우가 많습니다. "내가 이 일을 하게 되리라고는 생각지 못했다." 주어진 선택의 순간들에서 '목표'가 아닌 '과정'에 충실하다 보니 여기까지 오게 되었다는 겁니다.

꿈과 비전, 미션은, 그래서 '만드는' 게 아니라 '발견되는' 거라는 생각입니다. 억지로 만드는 게 아니라 내 안의 무언가가 절로 넘쳐날 때 자연스럽게 발견되는 그 '무엇' 말입니다. 그러니 꿈이 없다고 기죽거나 초조해할 필요 없습니다. 삶은 결승점을 향해 들입다 달리는 경주가 아닙니다. 살아가는 순간의 합입니다.

"나는 변호사로 시작했다가 나중에 골드만삭스에 합류했다. 이 경험을 통해 인생에서 앞을 내다볼 수 없다는 사실을 깨달았다. 그렇기에 미래를 생각하기보다는 지금 하고 있는 일에서 최고 성과를 내는 게 중요하다. 현재 업무에 집중하면서 그 범위를 넓혀 나가다 보면 다음 일은 저절로 따라오게 돼 있다." 흙수저로 태어나 입지전적인 성공을 이룬 골드만삭스의 로이드 블랭크페인 회장의 말입니다. "저소득층 주택단지의 가난뱅이 자식이 세계적인 금융기관 수장이 될 수 있었던 비결은 무엇인가?"라는 질문에 대한 답변이었지요. 역시 '나중, 거기'라는 '목표'에 대한 이야기가 아니라 '지금, 여기'라는 '과정'에 대한 이야기입니다.

인생은 계획대로 되지 않는다

우리는 항상 생각합니다. 인생은 내가 계획한 대로 평탄하게 진행될 것이라고 말입니다. 하지만 현실은 그렇지 않습니다. 수많은 평지풍파를 겪고 이런저런 우여곡절을 거쳐 우리는 지금 여기, 이 자리에 서 있습니다. 세상사, 내 뜻대로 되지 않습니다. 우주는 나한테 한 줌의 관심도 없습니다. 노자가 설파하는 '천지불인天地不仁'이 바로 그 이야기입니다. 하늘과 땅은 인자하지 않다는 이야기입니다. 우리가 익히 알고 있던 개념과는 달라 우리를 혼돈스럽게 만드는 문구입니다. 의미는 이렇습니다. 하늘에서 비가 내리고 해가 비치는 것은 가뭄에 고통받는 사람을 사랑하고 추위에 고통받는 사람을 도와주기 위해서가 아닙니다. 그저 비 올 때가 되어 비가 오는 것이요, 해가 비칠 때가 되어 비치는 거란 이야기입니다. 자연은 특정 의도나 이념을 갖고 움직이는 게 아닙니다. 모든 게 자연의 섭리일 따름입니다. 스스로 자自에 그럴 연然, 자연은 원래 그런 겁니다.

지인들과 강화도 인근 산길을 걸은 적이 있습니다. 삼삼오오 무리를 지어 이야기꽃을 피우며 걸었습니다. 그러다 빤히 눈앞에 보이던 일행을 어느 순간, 놓쳐버렸습니다. 산길이란 게 참 희한합니다. 금세 쫓아가 보아도 인적이 사라지고 없습니다. 귀신이 곡할 노릇입니다. 지도 한 장 없이 무작정 앞사람만 따라 걷다 창졸간에 닥친 상황이었습니다. 하지만 뭐 어떤가요. 어차피 '이어지니 길'입니다. 비록 좀 헤매긴 했지만, 예정에 없던 길에서 마주친 자연은 더욱 푸르렀습니다. 계획하지 않았던 뜻밖의 방황은 짧았지만 아름다운 일탈의 경험이었습니다.

인생은 30%의 계획과 70%의 우연이 만나 빚어진다는 말이 있습니다. 우리의 삶이 계획만으로 이루어지는 게 아니라는 게 포인트입니다. 우리가 아무리 계획을 세우더라도 갑작스러운 사건과 사고로, 또 우리가 미처 알지 못했던 자연의 섭리로 우리의 일상은 옆길로 새기 십상입니다.

옆길로 샌다는 게 반드시 부정적인 것만은 아닙니다. 세렌디피티Serendipity, 즉 '운 좋은 발견'도 있습니다. 생각지도 못한 행운을 옆길에서 만나게 되기도 하는 것입니다. 그렇다고 우연에 기대기만 해서도 안 됩니다. 어떤 우연이든 계획이 전제되어야 생겨나는 겁니다. 어느 모임에 가겠다 계획해서 갔다가 뜻밖의 귀인을 만나게 되는 식입니다. 어느 야구 해설자는 "야구, 진짜 알 수가 없다"고 했습니다. 우리 인생도 마찬가지입니다. 알 수 없는 게 우리네 삶입니다.

하지만 오해하시면 안 됩니다. 우리 계획으로 이루어지는 게 30%밖에 안 되니 막 살자는 얘기가 아닙니다. 우리에게 주어진 30%의 몫만큼은 최선을 다해야 합니다. 그러고 나서 하늘의 뜻을 기다리는 겁니다. '진인사 대천명盡人事 待天命'이라는 말이 그래서 나옵니다. 우리가 할 수 있는 한에 있어서는 최선을 다해야 합니다. 미래를 위한답시고 현재를 희생하거나 오늘을 외면하는 사람을 많이 봅니다. 인생은 결코 계획대로 되지 않습니다. '내일'이 아니라 '오늘'이 중요한 이유입니다. 그럼에도 우리는 내일을 위해 늘 오늘의 행복을 미뤄둡니다. '행복이 지연된 삶'이자 '행복이 유예된 삶'입니다. 수많은 오늘이 쌓여 내 미래가 되고 내 삶이 된다는 걸 깨달아야 합니다. '지금, 여기'에 충실할 일입니다.

우스갯소리 하나 하겠습니다. "어라, 쟤들이 계획을 짜네?" 신이 하늘에서 사람들을 내려다보며 이렇게 비웃는다는 겁니다. 그만큼 한 치 앞을 알 수 없는 게 우리 인생입니다. 상상도 하기 싫은 얘기지만 당장 내일까지 우리가 살아 있을지도 미지수입니다. 마른하늘의 날벼락 같은 사건 사고가 꼬리를 물고 이어지는 게 현실입니다. 그럼에도 우리는 놓지 못하고 삽니다. 집착하며 삽니다. 돈과 명예를 좇는 욕심 말입니다. 당장 한 시간 뒤에 무슨 일이 벌어질지도 모르는 어리석은 사람들의 부질없는 욕심입니다. 왜 이러고 사는지, 왜 이렇게 살아야 하는지 딱하기 짝이 없습니다. 기억해야 합니다. 우리는 매일매일 죽음을 향해 달려가고 있다는 것을.

우리는 내일을 위해
늘 오늘의 행복을 미뤄둔다.
'행복이 지연된 삶'이자
'행복이 유예된 삶'이다.

수많은 오늘이 쌓여
내 미래가 되고
내 삶이 된다는 걸
깨달아야 한다.

'지금, 여기'에 충실하자.

바야흐로 '욜로' 전성시대

'욕속부달欲速不達'이라는 말이 있습니다. 빨리 가고자 하나 도달하지 못한다는 뜻입니다. 자하가 스승 공자에게 정치를 잘할 수 있는 방법을 묻자 공자는 이렇게 대답합니다. 빨리 하려고 서두르지 말고, 작은 이익을 보려고 하지 말라고 말입니다. 서두르다 보면 일을 그르치기 쉽고, 작은 이익을 좇다 보면 큰일을 이룰 수 없다는 뜻이 담겨 있는 말입니다. 2천 년도 더 지난 그 옛날, 이미 공자가 경계한 내용을 우리는 지금도 잊고 삽니다. 늘 바쁘게 어딘가를 향해 뛰어다닙니다. 그러나 늘 뛰어다녀도 원하는 목적지엔 도달할 수가 없습니다. 중요한 건 속도가 아니라 방향이기 때문입니다. 방향이 정해지지 않으니 이리도 뛰었다가 저리도 달렸다가 중구난방입니다. 늘 바쁘지만 되는 일이 없는 이유입니다. '속도 중독', '바쁨 중독'입니다. 바쁘지 않으면 불안하니 장독이라도 깨는 겁니다.

노르웨이 국영방송 NRK. 이 방송국에서 만든 〈슬로TV〉가 인기라고 합니다. 〈슬로TV〉는 인위적 편집 없이 촬영한 그대로의 모습을 보여주는 프로그램입니다. 예컨대, 달리는 기차 맨

앞에 카메라를 설치하고는 기차가 달리는 일곱 시간을 촬영하여 그대로 방송에 내보내는 겁니다. 들리는 것도 덜컹거리는 기차 바퀴 소리뿐입니다. 앵글의 변화도 전혀 없는, 그 무료한 일곱 시간의 장면들이 만들어낸 시청률은 무려 15%였습니다. 동시간대 프로그램들의 네 배가 넘는 수치였습니다. 자극적인 복불복 게임도 없고 살아남기 위한 치열한 경쟁도 없었습니다. 보이는 모습 그대로를 일상의 속도로 보여줬을 뿐입니다. 용기를 얻은 NRK가 이어서 만든 작품이 장작이 타는 벽난로의 모습을 12시간 동안 보여준 방송이었습니다. 양털을 깎아 실을 만들어 뜨개질을 하는 모습을 8시간 넘게 보여준 적도 있습니다.

이런 북유럽의 정서가 지금 한국에서도 스멀스멀 번져 나가고 있습니다. '휘게'라는 이름으로 말입니다. '휘게Hygge'는 노르웨이어에서 나온 말입니다. 촛불만 켜둔 상태의 느낌을 휘게라고 합니다. 안락하고 아늑한 상태, 즉 어둠 속에서 촛불을 켜고 즐기는 편안한 친교 활동이 바로 휘게입니다. 북유럽은 가족 문화가 발달했습니다. 겨울이 길어 밤도 긴 북유럽에서는 집 안에 오래 있는 게 자연스러운 일상이었기 때문입니다. 북유럽 국가들의 가구 디자인이 발전한 이유가 여기에 있습니다.

우리의 주居 생활에서는 밖으로 보이는 아파트 브랜드가 중요하지, 가구는 그다지 중요한 게 아니었습니다. 집에 오래 머물지도 않을뿐더러 집 밖으로 드러나는 아이템도 아니기 때문입니다. 하지만 가족 관계 중심의 공동체 문화인 북유럽은 다릅니다. '혼자'가 아니라 '함께' 잘 살자, '일상을 즐겁게 살자'가 모토입니다. 정말 중요한 건 돈이 아니라 사람이라는 걸 깨달은 겁니다. 북유럽의 라이프스타일은 이처럼 '따로 또 같이'의 균형입니다. 이를 선망하는 사람들이 북유럽으로 이민을 떠납니다. 하지만 쉽지 않은 게 북유럽으로의 이민입니다. 이민이 안 된다면 여행이라도 가야 할 겁니다. 그러니 북유럽 여행을 떠나는 사람이 늘고, 북유럽 스타일의 인테리어 디자인이 인기를 얻습니다. 일종의 대리만족인 셈이지요. 야근 없는 정시 퇴근을 원하는 우리나라 직장인들의 안쓰러운 몸부림일지도 모릅니다.

아니나다를까, 북유럽 언어로 만들어진 브랜드와 마케팅 메시지가 우리 사회에 점차 확산되고 있습니다. 휘게뿐만 아니라 스웨덴의 '피카Fika'라는 단어도 있습니다. 피카는 커피를 뜻하는 단어로 '바쁜 일상 속 커피 한잔의 여유'를 의미합니다. '라곰Lagom'이란 단어도 있습니다. '넘치지도 부족하지도 않은 적당한 상태'를 가리킵니다. 벌써 화장품 브랜드로 쓰이고 있는 단어이기도 합니다.

이런 트렌드가 확산되다 보니 사람들의 라이프스타일이 바뀌었습니다. 삶의 태도를 바꾸고, 욕망의 크기를 줄이는 겁니다. 버려야 얻고, 비워야 채울 수 있다는 걸 이제 안 것입니다. '저녁이 있는 삶'에 대한 로망이 그래서 몽글몽글 피어오릅니다. 시간이 멈춘 듯한 어느 시골 농가에서 그저 세 끼 밥 지어 먹는 게 다였던 tvN의 〈삼시세끼〉가 생각지도 못한 인기를 끌었던 이유도 여기에 있습니다. 현기증 날 정도로 빠른 일상의 속도에 지친 사람들의 소리 없는 절규가 그렇게 표출되는 겁니다.

잊어서는 안 됩니다. 삶은 누가 더 빨리 달리느냐, 누가 더 오래 달리느냐 하는 경주가 아닙니다. 삶은 살아가는 순간의 합입니다. 내일을 위해 오늘을 희생하지 말아야 합니다. 오늘이 행복하지 않으면 내일도 행복할 수 없다는 이야기입니다. 오늘이 행복해야 그 행복한 일상이 모여 내 삶 전체가 행복할 수 있습니다.

물론 예전에는 내일을 위해 눈앞의 행복을 미뤄놓고 살았습니다. 절대 빈곤의 일상이었기 때문입니다. 허리띠 졸라매고 몸이 열 개인 듯 뛰어다니지 않으면 생존 자체가 힘든 시절이었습니다. 하지만 세상은 달라졌습니다. 자꾸 미루다 보면 인생의 골든타임은 끝나버립니다. 속도에 매몰되어서는 안 됩니다. 왜 이렇게 바쁘게 살아야 하는지에 대한 근원적 성찰이 필요한 시점입니다.

그래서 요즘 떠오르는 트렌드 중 하나가 '욜로YOLO'입니다. 'You Only Live Once'를 의미하는 말이지요. 말 그대로 '한 번 사는 인생'이란 의미입니다. '까르페디엠Carpe diem'의 또 다른 버전입니다. '오늘을 잡아라', '오늘에 충실하라'는 겁니다. 하지만 오해하면 안 됩니다. 두주불사 흥청망청하면서 오늘을 마냥 소진하라는 게 아닙니다. "나는 나의 삶을 다시 한 번 살기를 바랄 수 있는가?" 니체의 말처럼 이 귀한 오늘을 헛되이 보내지 말라는 메시지입니다.

송강호, 공유 주연의 영화 〈밀정〉을 보면 의열단원들은 하나같이 패션리더입니다. 이유가 궁금했습니다. 알고 보니 다른 게 아니었습니다. 언제 죽을지 몰랐던, 내일이 없이 오늘을 살았

내일을 사는 사람은
오늘만 사는 사람을
절대 이길 수 없다.

바야흐로 '욜로' 전성시대다.

던 사람들입니다. 늘 마지막을 대비해야 했던 그들이기에 항상 정갈하게 스스로를 꾸몄던 겁니다. 미래를 지워야 현실에 집중할 수 있습니다. 오늘이 없다면 미래도 없습니다.

이제 사람들은 생각합니다. 돈 많은 게 풍요가 아니라 내 삶을 윤택하게 만드는 게 풍요라고 말입니다. 휴가를 위해 1년을 사는 사람들이 생겨나는 배경입니다. 일하려고 쉬는 게 아니라 쉬려고 일하는 겁니다. 그렇게 취향이 생겨나고 그 취향에 빠져 '덕후'가 됩니다. 차별성과 개성은 이제 새로운 경쟁력입니다. 자신을 표현하는 즐거움까지 있습니다. 내일을 사는 사람은 오늘만 사는 사람을 절대 이길 수 없습니다. 바야흐로 '욜로' 전성시대입니다.

인생은 마라톤이 아니다

2014년 여름, 세계수학자 대회가 서울에서 열렸습니다. 일본, 중국, 인도에 이어 아시아에서는 네 번째 개최입니다. 세계수학자 대회는 4년마다 개최되는, 수학의 발전을 위해 수학자들의 정보 교류와 친교를 위해 만들어진 행사입니다. 최근 4년간 있었던 중요한 수학적 업적들을 평가하고 해당 업적들에 대한 시상을 합니다. 그런 축제의 장 한가운데서 김민형 영국 옥스퍼드대 교수가 쓴 글을 한 편 보았습니다. 제목부터 눈길을 끌었습니다. 〈세계수학자 대회가 '수학 올림픽'이 아닌 이유〉라는 제목이었습니다. 골자는 이겁니다. 수학자 대회는 올림픽처럼 '경쟁'을 전제로 한 행사가 아니라는 겁니다. 전 세계 내로라하는 수학자들이 다 모이니, 그중 누가 1등이고 누가 2등인지 궁금해하는 천박한 호기심을 불편해하는 내용이었습니다. 수학이란 학문도 협조가 중요함을 강조한 글이었습니다. 글 중 한 대목을 가지고 왔습니다.

"이 모임은 올림픽식의 경쟁과 너무도 다르다. 강연과 대화의 마당이면서 수학계의 동향을 일목요연하게 파악하고 아이디어를 교환할 기회를 주는 행사이다. 수학자에게 최고의 영예로 간주되는 필즈상을 수상한 사람들도 강연과 기자회견에서 수학 연구의 협조적인 면을 거듭 강조했고, 그런 협조와 대화가 점점 쉬워지는 세상에 살고 있다는 점을 진정 즐겁게 생각하는 인상이었다."

부끄러운 일입니다. 왜 우리는 이처럼 모든 걸 경쟁의 관점으로만 보는 걸까요? 죽이지 않으면 죽을 수밖에 없는 약육강식의 정글 문화가 우리 삶을 압도해서일까요? 세간의 왜곡된 시선을 바로잡고자 수학자로서 이런 글을 써야만 했을 김민형 교수의 심정이 이해가 됩니다.

'인생은 마라톤'이라는 얘기를 많이 합니다. 우리 삶의 희로애락이 마라톤의 42.195km 안에 다 들어 있다는 비유적 표현일 겁니다. 지금껏 추호도 의심한 적이 없는, 삶에 대한 통찰력이 보석처럼 빛나는 말이라 생각했습니다. 인터넷에서 어느 영상 하나를 보기 전까지는 말입니다. 영상의 처음은 마라톤 시작점 장면으로, 이내 출발을 알리는 총성과 함께 사람들이 지축을 울리며 달리기 시작합니다. 그러면서 자막이 아래로 흐릅니다.

오늘도 계속해서 달린다
누구나 달리기 선수다
시계를 멈출 수는 없다
시간은 한 방향으로만 흐른다
되돌아올 수 없는 마라톤 코스

라이벌과 경쟁해가며

시간의 흐름이라는 하나의 길을

우리는 계속 달린다

보다 빠르게

한 걸음이라도 더 앞으로

저 앞에는 반드시 미래가 있을 거라 믿으며

반드시 결승점이 있을 거라 믿으며

인생은 마라톤이다

거기까지는 제 생각과 다른 부분이 전혀 없었습니다. 흔히 봐왔던 마라톤 모습 그대로였습니다. 하지만 반전은 거기서부터였습니다. 한참을 잘 달리던 주인공이 갑자기 돌아서서는 그의 뒤를 좇던 카메라를 향해 질문을 던집니다. "진짜 인생이 마라톤일까, 정말 그럴까?" 생각지도 못한 순간에 훅 들어온 날카로운 비수처럼 참 뜨거운 화두입니다. 그러고는 갑자기 지금까지와는 전혀 다른 방향으로 달리기 시작합니다. 그러자 한 방향으로 달리던 수많은 사람들의 대오가 순식간에 흐트러집니다. 다들 저마다의 방향으로 달리기 시작합니다. 들로, 산으로, 바다로 뛰어갑니다. 그러면서 자막은 이어집니다.

인생이란 그런 것인가?

아니야

인생은 마라톤이 아니야

누가 정한 코스야?

누가 정한 결승점이야?

어디로 달리든 좋아

어디를 향해도 좋아

자기만의 길이 있어

자기만의 길?

그런 게 있는 걸까?

그건 몰라

우리들이 아직 만나보지 못한 세상은

터무니없이 넓어

그래 말을 내딛는 거야

고민하고 고민해서

끝까지 달려 나가는 거야

실패해도 좋아

돌아가도 좋아

다른 이랑 비교하지 않아도 돼

길은 하나가 아니야

결승점은 하나가 아니야
그건 인간의 수만큼 있는 거야

소름이 끼쳤습니다. 전율이 일었습니다. '망치로 머리를 얻어
맞은 듯하다'라는 표현이 이런 느낌이구나, 알 수 있었습니다.
단 한 번도 의심한 적이 없는, '인생은 마라톤'이라는 말이 산
산조각 나버렸습니다. 충격으로 한동안 아무것도 할 수 없었
습니다. 영상은 그렇게 끝나고 제일 마지막 문장이 붉은 핏자
국처럼 선명하게 화면에 남습니다.

모든 인생은 훌륭하다!
누가 인생을 마라톤이라 했나?

부끄러운 고백입니다만, 그동안 아무 생각 없이 달리기만 했
습니다. 누가 그려놓았는지도 모를 그 트랙을 말입니다. 왜 달
려야 하는지도 모르고 달렸습니다. 그저 옆 사람보다 한 걸음
이라도 더 빨리 달려야 한다는 생각밖에는 없었습니다. 누군
가가 만들어놓은 결승점을 향해 내 모든 걸 쏟아부으며 그렇
게 영혼 없는 달리기를 하고 있었던 겁니다.

성공은 '출세'가 아닙니다. '훌륭한 삶'입니다. 경쟁에서 이기는 게 능사가 아닙니다. 어떻게 살 것인가 하는 내 삶의 철학이 중요합니다. 모두가 출세할 수는 없지만, 모두가 훌륭한 삶을 빚어낼 수는 있습니다.

그럼에도 한 번도 그런 생각을 해본 적이 없었던 겁니다. 저마다의 트랙을 따라 저마다의 삶을 즐겁게 달리면 되는 것이었는데 말입니다. 아니, 달리는 것만이 정답인 것도 아닙니다. 힘들면 좀 쉬어 가도 됩니다. 처음엔 걸어가다 나중에 뛰어도 아무 상관이 없습니다. 인생은 그런 거였습니다. 마라톤이 아니었던 겁니다.

하지만 인생을 마라톤이라 생각하는 시각은 아직 우리 사회 곳곳에서 무차별적으로 나타납니다. 2012년 런던 올림픽에서 수영의 박태환 선수는 은메달을 거머쥐었습니다. 역도의 장미란 선수는 4등을 하였습니다. 경기를 마친 그들의 인터뷰는 사과로 시작됩니다. 금메달을 따지 못해서, 1등을 하지 못해서 응원해주신 국민들께 죄송하다는 내용입니다. 하지만 생각해볼 일입니다. 전 세계 70억 인구 중에서 2등을 하고, 4등을 한 겁니다. 1등만 대단한 게 아닙니다. 저부터 돌아봐도 전 세계에 모든 인생은 훌륭하다!
누가 인생을 마라톤이라 했나?

서 10만 등 안에 들 만한 기술 하나 없습니다. 눈을 씻고 찾아봐도 10만 등은커녕 100만 등 할 만한 것도 잘 보이질 않습니다. 그런데 박태환 선수는 2등이고 장미란 선수는 4등입니다. 이게 실망할 일인가요? 왜 이들이 죄송해해야 하는 걸까요?

내친김에 올림픽 이야기를 조금 더 해보겠습니다. 2016년 리우데자네이루 올림픽 때였습니다. 사람들의 짙은 감동을 자아낸 명승부가 잇따랐는데요, 그중 하나가 여자 육상 5,000m 예선전이었습니다. 결승점을 3분의 1 정도 남긴 상태에서 갑자기 다리가 엉켜 넘어진 뉴질랜드의 니키 햄블린 선수. 그 바람에 바로 뒤를 달리던 미국의 애비 다고스티노 선수도 함께 넘어집니다. 먼저 일어난 미국의 애비 선수가 그때까지 바닥에 누워 있던 니키를 부축해서 일으킵니다. 끝까지 달리자고 말입니다. 이에 니키 선수는 다시 일어났고, 둘은 함께 달립니다. 그런데 먼저 일어났던 애비 선수가 다리를 절뚝이며 제대로 달리지를 못합니다. 아마 넘어질 때 발목을 접질렸나 봅니다. 이내 주저앉고 마는 애비 선수. 그러사 이번에는 니키 선수가 그녀의 손을 잡아줍니다. 그렇게 두 사람은 서로를 격려하고 응원하며 함께 결승선을 통과합니다. 경기 당일 처음 만난 두 선수는 세상에서 가장 아름다운 레이스를 마치고 뜨거운 포옹을 나누었습니다. 화려한 기술로 상대를 제압하며 금메달을 목에 건 그 어떤 선수들보다 두 선수는 훨씬 더 반짝반짝 빛이 났습니다.

스포츠가 감동을 주는 이유는 단지 이겨서가 아닙니다. 이기고 지고의 결과만큼 날것 그대로의 드라마틱한 '과정'이 우리를 감동케 합니다. 하지만 모든 걸 경쟁의 관점으로만 바라보니 은메달이라 죄송하다는 이야기가 나옵니다. 단언컨대, 미안한 은메달, 슬픈 동메달은 없습니다. 참가한 선수 모두가 저마다의 승자입니다.

재작년 초였습니다. 졸업식 축사라며 "이번 졸업생들은 명문대 많이 못 가서 실망"이라 얘기했다는 어느 고등학교 이사장 얘기가 신문에 실렸습니다. 실로 어처구니없는, 비교육적인 축사였습니다. 이처럼 죽이지 않으면 죽는 거라 배우며 경쟁의 낭떠러지로 내몰린 아이들이 만들 세상을 생각하면 아찔하기 짝이 없습니다.

여기 또 하나의 올림픽 명승부가 있습니다. 그는 지난 런던 올림픽 은메달리스트였습니다. 세계선수권 대회와 아시안게임,

아시아선수권 대회까지 제패했으니 그랜드슬램이 코앞이었습니다. 하지만 8강에서 만난 요르단 선수에게 충격의 패배를 당합니다. 그러나 그는 진정한 승부사였습니다. 자신을 이긴 상대 선수를 향해 '엄지 척'과 함께 뜨거운 박수를 보내주었고, 직접 다가가 그의 손을 번쩍 치켜 올리기까지 했습니다. 누구보다도 속이 상했을 그가 패배 후 보여준 행동, 그건 바로 지고도 이긴 또 다른 승리였습니다. 한국 태권도의 간판스타 이대훈 선수의 리우 올림픽 때 얘기입니다.

경쟁 말고 협력하라

경영 자문차 만났던 어느 CEO가 생각납니다. 그는 미팅 내내 잘나가는 경쟁사를 언급하며 어떻게든 발목을 잡아 끌어내리겠다 열변을 토했습니다. 그의 눈엔 적개심이 가득했습니다. '분노의 경영'입니다. 하지만 올림픽이 금메달을 위해 존재하는 게 아니듯 경영 또한 경쟁사 타도를 위해 존재하는 게 아닙니다. 세상을 위해 무엇이 되어 Vision 어떻게 할 것인지 Mission에 대한 리더의 철학이 담겨야 제대로 된 경영입니다. 그런 철학에 직원은 마음을 열고 고객은 지갑을 엽니다. 시장이 바뀌어 고객의 영혼을 감동시키는 기업이 승리하는 세상입니다. 경쟁사 타도만 핏대 높여 외치던 그 CEO는 과연 그의 바람대로 경쟁사를 꺾고 분을 풀 수 있을까요? 행복한 직원들과 행복한 고객을 만들며 행복한 성공을 빚어낼 수 있을까요?

'상대'만 쳐다본 토끼는 '목표'를 바라본 거북이에게 결국 무릎을 꿇었습니다. 경쟁이 능사가 아닙니다. 승자와 패자로만 나뉘는 현대를 살아가다 보니 우리는 모든 상황에 승부의 잣대를 들이댑니다. 이기고 짐이 확연하게 갈리는 너무나도 잔인한 구도입니다. 물론 이런 관점이 사회 발전에 나름의 역할을 한 것도 사실입니다. 하지만 세상 그 어떤 효용도 한계가 있게 마련입니다. 한계 효용 체감의 법칙 말입니다.

경쟁도 그렇습니다. 이게 일정 수준 이상을 넘어가니 오히려 부작용이 생겨납니다. 경쟁을 통해 우리가 행복해지는 게 아니라 경쟁이 오히려 우리의 행복을 갉아먹습니다. 경쟁의 배신입니다. 승부가 망쳐놓은 세상을 치유하는 새로운 대안이 '협력'입니다. 경쟁의 유효기간은 이제 끝이 났습니다. 바야흐로 협력의 시대입니다.

실제로 연세대학교 의대에서는 2014년부터 절대평가를 시행하고 있습니다. 공부만큼은 내로라하는 연세대 의과대학 학생들이지만 그동안 상대평가로 인해 엄청난 심리적 압박을 받았다고 토로합니다. 그래서 연세대는 명예로운 소수의 승리자와 다수의 비참한 패배자를 만들어내는 상대평가 제도를 과감하게 폐지했습니다. 국내 의과대학으로서는 최초의 실험이었습니다.

결과는 수치가 말해줍니다. 상대평가 체제였던 2011년부터 2013년까지 당시 본과 1학년 학생들의 성적과 절대평가 체제였던 2014년도 본과 1학년 학생들의 성적을 비교해보았습니다. 근육 골격 계통, 기초신경과학, 기초면역학과 감염학 총론 등 총 12개 과목 중 분자생물학 한 과목을 제외하고는 모든 과목에서 2014년도 1학년 학생들의 성적이 더 높았습니다. 13개 등급으로 성적을 평가하던 체제보다 과락으로만 성적을 평가하는 체제에서 학생들에서는 더 높은 학업 성취를 보인 겁니다. 대다수 해외 명문 대학들에서는 이미 절대평가가 일반적입니다. 하지만 우리는 아직 갈 길이 멉니다. 경쟁을 시키지 않으면 긴장감이 떨어져 공부를 안 할 것이라는 우려 때문입니다. 하지만 연세대학교의 용기 있는 실험은 그런 우려가

승부가 망쳐놓은 세상을 치유하는
새로운 대안이 '협력'이다.

경쟁의 유효기간은 끝났다.

기우였음을 웅변합니다. 친구들이 다 적으로 보인다며 고통스러워했던 학생들의 얼굴은 훨씬 밝아졌습니다.

절대평가 도입의 시작은 작은 고민에서였습니다. '왜 똑똑한 친구들이 입학한 후로 점점 자신감을 잃어갈까? 다들 그렇게 열심히 공부하는데도 왜 세계적인 수준의 학문적 성과는 안 나오는 걸까?' 그 원인은 과도한 '경쟁'이었습니다.

모 국립대학교에서 몇 학기 동안 수업을 했던 적이 있습니다. 기업의 CEO 등 주로 비즈니스 리더들을 대상으로 강의와 자문을 하던 제게 대학교와 대학생은 단어 그대로 청춘, 푸른 봄이었습니다. 그 싱싱한 열정에 응답하고자 하나라도 더 알려주려 나름 노력을 했습니다. 그렇게 강의하고 묻고 답하고 이야기 나누다 보니 한 학기가 금세 지나갔습니다. 보람과 기쁨으로 가득한 시간들이었습니다.

하지만 문제는 학기말이었습니다. 그놈의 성적평가 때문입니다. 예전, 회사에 다닐 때는 인사평가 때문에 해마다 골치였는데 대학 강의를 하게 되니 학생들의 성적평가 때문에 또 마음이 편치 않습니다. 열 손가락 깨물어 안 아픈 손가락 있을까요? 그럼에도 누군가에게 A를 주면 또 다른 누군가에겐 D를 줘야만 하는 현실은 회사나 대학이나 똑같았습니다. 지금은 모르겠지만 당시 그 대학 역시 상대평가제로 학생들을 줄 세우고 있었습니다. A학점부터 B, C, D에 이르기까지 배점할 수 있는 비중이 정해져 있었습니다. 예컨대, A가 7명이라면 D는 반드시 5명이 나와야 하는 구조입니다. 그 숫자 비중이 맞지 않으면 성적은 학교의 전산시스템에 입력조차 안 됩니다. 승자와 패자를 명명백백하게 가려야만 하는 메커니즘입니다. 아쉬웠지만 이후 대학교에서의 학기 수업을 접었던 이유입니다.

"출석을 불러야만 수업에 나오는 수동적인 학생은 필요 없다. 학점을 잘 받으려고 저학년 수업을 재수강하는 약삭빠른 학생도 도전정신을 강조하는 고려대와 맞지 않는다. 시험은 정답이 아니라 자신의 생각을 적는 것이므로 감독도 없애는 것이 맞다."

2016년 봄, 신입생을 대상으로 하는 강연에서 고려대학교 염재호 총장이 한 이야기입니다. 실제로 고려대학교에서는 '3무 정책'이라 하여 '無시험감독 · 無상대평가 · 無출석확인'을 도입했습니다. 그 결과, 많은 것이 달라졌습니다. 이런 제도를 통

103

해 학생들은 교수들로부터 신뢰받고 있다고 느꼈습니다. 특히 절대평가에 대한 인식은 무척이나 호의적이었습니다. 절대평가를 하니 학생들의 머릿속에 '경쟁'이란 단어 대신 '협력'이란 단어가 싹을 틔웠습니다. 교과서에 있는 정답을 적는 게 아니라 내 생각을 적다 보니 시험에 대한 부담은 줄고 공부에 대한 만족도는 높아졌습니다. "친구를 이기기 위한 공부가 아니라 나 스스로가 무언가를 알기 위해 공부한다 생각하니 마음가짐이 달라졌다." 이러한 학생들의 대답은 경쟁과 협력에 대한 우리의 좁은 시각을 새삼 일깨워줍니다.

경쟁에 대한 관점의 변화는 비즈니스 현장에도 도입되고 있습니다. 인사평가를 통해 A, B, C, D등급으로 줄을 세우던 경쟁의 패러다임이 서서히 사라지고 있는 것입니다. 장기적인 회사 경쟁력 제고와 성과 향상에 줄 세우기 식 평가가 도움이 안 된다는 판단 때문입니다. 직원들의 적극적인 도전을 제한하여 오히려 혁신과 창의성의 장애물이 되더라는 겁니다. 이름하여 '기업가정신의 실종'입니다.

평가는 일의 목적을 왜곡시킵니다. 애초에 달성하려 했던 목적과는 상관없이 평가 지표에만 초점을 맞추게 합니다. 이를테면, 매출 실적으로 평가를 하니 고객 행복이라는 경영철학은 액자 속 죽은 구호가 되는 겁니다. 평가의 역설입니다. 조직의 관리자는 이제 평가자가 아니라 팀원들의 잠재력을 이끌어내고 영감을 주는 존재여야 합니다. 손과 발(근면과 관리)이 아니라 머리(창의와 위임)로 경쟁하는 시대입니다. 뽕나무밭이 변해 푸른 바다가 되듯 세상이 바뀌니 해법도 달라집니다. 경쟁만이 능사가 아닙니다. 협력의 세상입니다.

형, 꼭 완주해야 돼요?

철인 3종 경기. 멀쩡한 사람에게도 결코 쉽지 않은 일입니다. 수영 1.5km, 사이클 40km, 마라톤 10km를 헤엄치고 달려야 하니 말 그대로 '철인 경기'입니다. 그런데 이 철인 3종 경기에 앞을 못 보는 시각장애인이 도전장을 던졌습니다. 그리고 당당하게 완주를 합니다. 4시간 21분 34초의 기록이었습니다. 개그맨 이동우 씨 이야기입니다. 이동우 씨는 개그맨으로 데뷔하여 TV와 라디오를 종횡무진 오가며 다방면에서 활동하던 방송인이었습니다. 그랬던 그에게 2010년 갑작스러운 시련이 닥칩니다. 망막색소변성증이라는, 이름도 어려운 병에 걸려 시력을 잃은 겁니다. 이런 상황이 되면 누구나 그렇겠지만, 이동우 씨 역시 처음에는 자신의 병을 받아들이지 못했습니다. 부정하다 분노하고, 분노하다 좌절하기를 밥 먹듯이 했습니다. 그랬던 그가 철인 3종 경기를 완주한 겁니다.

그런데 그 대단한 일의 시작은 매니저의 말 한마디였습니다. "형, 철인 3종 경기 한번 나가볼래요?" 처음엔 매니저가 자기를 놀리는 줄 알았답니다. 그래서 버럭, 소리를 지르며 화를 냈습니다. "너 내가 지금 어떤 상황인지 알면서도 그러는 거야? 앞도 안 보이는 내가 무슨 철인 3종 경기야?" 매니저의 제안은 하루하루 절망의 나날을 살아내기도 쉽지 않은 이동우 씨에겐 아마도 화를 돋우는 부채질이었을 겁니다. 그런데 돌아온 매니저의 말에 이동우 씨는 망치로 한 대 맞은 듯 정신이 번쩍 들었다고 합니다. "형, 꼭 완주해야 돼요?"

그렇습니다. 철인 3종 경기에 반드시 완주해야 한다는 규정은 없습니다. 숨이 차면 쉬어 가고 정 힘들면 포기해도 됩니다. 누구 하나 뭐라 할 사람 없습니다. 그런데 우리는 지레 겁을 먹고 포기합니다. '내가 그걸 어떻게 해?' 하는 생각에 시도도 하지 않고 손사래를 치며 저만큼 달아나 버립니다. 패자에 대한 사회적 시선이 얼마나 차가운지 알고 있기 때문입니다. 이동우 씨도 그랬을 겁니다. '시각장애를 가진 내가 어떻게 철인 3종 경기에 나가?'라는, 실패에 대한 두려움이 시도라는 생각의 씨앗조차 없애버렸던 겁니다. 돌아보면 우리 모두는 머릿속으로 먼저 생각합니다. 어떤 일이 닥치면 '내가 할 수 있을까 없을까'를 따져봅니다. 생각해보고 못 할 것 같으면 아예 시도조차 안 합니다. 뻔히 안 될 일을 왜 하냐는 겁니다. 이동우 씨도 마찬가지였습니다. 도전을 가로막는 경쟁의 역설입니다.

'새로운 것에 과감히 도전하는 혁신적이고 창의적인 정신.' 기업가정신을 설명할 때 빠지지 않는 표현입니다. 여기에 '비즈니스 기회를 실현시키기 위하여 조직하고, 실행하고, 위험을 감수하는 마인드'라는 설명도 덧붙습니다. 인내력, 목표 설정 능력, 적절한 모험심, 의사 결정 능력, 도전정신 등이 요구된다는 내용입니다. 기업가정신이란 이런 겁니다. 별생각 없이 던진 한마디일 수도 있지만 "꼭 완주해야 돼요?"라는 매니저의 말은 이동우 씨 마음속에 잠자고 있던 기업가정신에 다시 불을 질렀습니다. "그래, 한번 해보자." 그렇게 그는 운동화 끈을 졸라매고 대회에 출전했습니다. 힘들었지만 물살을 가르며 헤엄을 쳤고, 페달을 밟으며 자전거 바퀴를 굴렸고, 마지막 순간까지 한 걸음 한 걸음 달렸습니다. 그렇게 그는 철인 3종 경기에 도전했고, 결국 완주하였습니다. 남들과의 경쟁이 아니었기에 가능했던 완주입니다.

우리는 항상 불안해합니다. 앞으로 어떻게 될지 알 수가 없어서입니다. 그러니 잘되어도 걱정, 잘 안 되어도 걱정입니다. 오지도 않은 미래를 걱정부터 당겨 하는 겁니다. 해결책은 단순합니다. 그냥 하는 겁니다. 그저 하는 겁니다. 그러면 되는 것을 머릿속으로 자꾸 계산을 합니다. 가능성을 따지고, 확률을 따지고, 경우의 수를 따집니다.

관련하여 MBC 프로그램 〈무한도전〉의 한 대목이 떠오릅니다. 개그맨 조세호 씨가 템플스테이를 체험하던 중 스님에게 여쭤봅니다. "스님, 제가 하고 있는 이 일을 원하는 만큼 하지 못할 때가 올 텐데 어찌해야 할까요?" 스님의 대답은 간결합니다. "오직 할 뿐." 예컨대, 조카가 물어봅니다. "삼촌, 난 게 뭐예요?" 우리는 머리를 짜내어 대답합니다. '먹었을 때 몸에 안 좋은 것' 같은, 얼기설기 끼워 맞춘 듯한 대답 말입니다. 해답은 가까이 있습니다. 설탕을 조금 집어 조카 입에 넣어주면 그만 우리는 항상 불안해한다.
앞으로 어떻게 될지
알 수가 없어서다.
그러니 잘되어도 걱정,
잘 안 되어도 걱정이다.
오지도 않은 미래를 걱정부터
당겨 하는 것이다.

해결책은 단순하다.
그냥 하는 것,
그저 하는 것이다.

입니다. 그러면 될 것을 우리는 자꾸 얄팍한 지식이나 이론을 가지고 세상을 설명하려 듭니다. 어리석은 일입니다.

도전도 똑같습니다. 생각만 하다 보면 행동은 멈추게 마련입니다. 될 이유보다는 안 될 이유가 자꾸 보입니다. 변화라는 게 얼마나 힘들었으면 살가죽을 벗기는 고통을 수반한다 해서 혁신이라 했을까요? 그래서 중요한 건, 그냥 하는 겁니다. 정성을 들여 하는 겁니다. 최선을 다해 하는 겁니다. 어차피 결과는 알 수 없습니다. 오직 하늘만이 알 일입니다. 아무도 가보지 않은 길입니다. 용기를 가지고 그 미지의 세계로 과감하게 몸을 던져야 합니다. 그 용기가 도전이고, 그 도전이 기업가정신입니다. 기억해야 합니다. 기업가정신은 비단 비즈니스 현장에서만 필요한 게 아닙니다. 우리 삶에도 필요한 게 기업가정신입니다. 나는 내 삶의 CEO이기 때문입니다.

아무것도 하지 않으면
아무 일도 일어나지 않는다

시원하지 않으면 믿어질 일도 없어
고백하지 않으면 차일 일도 없지
시도하지 않으면 실패할 일도 없고
꿈이 없다면 힘든 일도 없을 거야
하지만 혹시 알아?
이번에 성공할지
세상의 박수를 받게 될지
그녀도 널 좋아하고 있을지
숨겨진 능력을 발견하게 될지
아무것도 하지 않으면
아무 일도 일어나지 않아
한번 해보자 일단 저지르자
꽥, 소리는 내자
너에게 아직 인지지 않은 세상을 향해
부딪치라, 짜릿하게

무릎을 치게 만드는 국내 모 맥주회사의 광고 카피를 가지고 왔습니다. 제가 보기엔 기업가정신의 ABC가 여기 다 담겨 있습니다. 일단 한번 해보는 겁니다. 부딪쳐 보는 겁니다. 아무것도 하지 않으면 아무 일도 일어나지 않기 때문입니다. 일단 배트를 휘둘러야 홈런이든 안타든 나오겠지요. 방망이만 들고 있다가는 삼진아웃 당하기 십상입니다. 로또에 당첨되려면 일단 복권부터 사야 합니다. 뭐든 저질러야 합니다.

페이스북(F), 아마존(A), 애플(A), 구글(G)과 함께 '팡(FAANG)'의 당당한 일원이자 글로벌 경영의 혁신기업으로 급부상한 넷플릭스(N)의 CEO 리드 헤이스팅스는 창의성의 가장 중요한 요건을 이렇게 말합니다. "실패를 용납할 수 있는 환경이다. 창의적이기 위해서는 늘 실패하는 리스크가 필요하기 때문이다. 그리고 그 리스크를 감당할 의지가 있어야 한다." 한마디로 표현하자면 '뒷일 걱정하지 않고 일단 저지를 수 있는 조직문화'입니다. 스트리밍 업체에서 콘텐츠 기업으로 거듭나고 있는 넷플릭스의 혁신에는 이처럼 도전이라는 조직문화가 든든하게 뒤를 받쳐주고 있습니다.

세계 최고의 혁신기업가 중 하나로 손꼽히는 아마존의 CEO

제프 베조스도 비슷한 이야기를 합니다. 실패를 용인하는 기업문화가 성공의 비결이었다고 말입니다. 그러면서 그는 덧붙입니다. "여러 사업을 진행하는 과정에서 부정적인 결과는 피할 수 없다. 그런 면에서 아마존은 세상에서 '실패'를 하기에 가장 좋은 곳이다."

모 협회 최고경영자 과정에 특강차 갔다가 만났던 어느 CEO가 생각납니다. 그는 얘기 끝에 한 직원이 냈던 신규 사업 아이디어로 큰 손해를 보았던 과거를 털어놓았습니다. 어렵게 결정해서 시작한 사업이었는데 결과는 실패였다는 겁니다. 아이디어를 냈던 직원은 어떻게 됐는지 조심스레 물어보았습니다. 해고했답니다. 당연한 거 아니냐는 투였습니다. 순간, 맥이 탁 풀렸습니다. 아마 그 직원의 해고 이후 그 회사에서는 어느 누구도 새로운 아이디어를 내지 않았을 겁니다. 신이 아닌 이상 성공 여부를 미리 알 수 없는 게 사업입니다. 내가 낸 아이디어가 실패로 돌아가면 목을 내놓아야 하는데 어느 간 큰 직원이 아이디어를 내놓을 수 있을까요? 누가 아이디어를 냈든 결국 최종 결정은 리더가 하고 그 책임도 리더가 져야 합니다. 그 CEO는 최종 결정에 대한 책임을 직원에게 돌려버린 겁니다.

실패에 대한 공포는 창의적 사고를 가로막는 커다란 장애물입니다. 이 세상에 도전하지 않고 얻어지는 것은 하나도 없습니다. 실패를 통해 우리는 한 뼘 더 성장합니다. 실패를 독려해야 합니다. 그래야 도전할 수 있습니다. 그런 도전들이 쌓여 혁신으로 이어집니다. 도전하지 못하는 조직은 서서히 망해가는 수밖에 없습니다.

《살며 사랑하며 배우며》란 책으로 유명한 미국 작가 레오 버스카글리아도 도전을 노래합니다. '산다는 것은 죽는 위험을 감수하는 일이며, 희망을 가진다는 것은 절망의 위험을 무릅쓰는 일이고, 시도해본다는 것은 실패의 위험을 감수하는 일'이라고 말입니다. 그럼에도 모험은 받아들여져야 한다고 말입니다. 왜냐하면 인생에서 가장 큰 위험은 아무것도 감수하지 않는 일이기 때문입니다.

다우케미칼이란 회사를 아시나요? 화학제품, 의약품, 포장용품, 알루미늄 등을 생산하는 세계적인 종합화학회사입니다. 이 회사의 초기 시절, 어떤 사람이 창립자 허버트 다우 사장을 찾아와서 일자리를 청하는데요, 그가 이렇게 말합니다. "저는 실력이 뛰어나서 지금껏 일을 하며 한 번도 실패한 적이 없습니다." 이에 허버트 사장이 이야기합니다. "우리 회사는 3,000명의 직원들이 있는데 그들은 매일 한 번 이상 실수를 합니다. 나는 당신처럼 완벽한 사람을 채용해서 그들을 기분 나쁘게 할 생각이 전혀 없습니다."

산업화 사회에서 성공의 관건은 성실성이었습니다. 얼마나 열심히 하느냐가 중요한 요소였지요. 하지만 열심히 한다는 건 정답이 있을 때나 유효한 겁니다. 주어진 길을 따라 열심히 가기만 하면 되는 거니까요. 그러나 우리는 기하급수적 변화의 세상을 살고 있습니다. 아무도 모르는 길이니 열심히 하는 게 능사가 아니란 얘기입니다. 빠른 시도와 그에 따른 학습과 보완, 즉 '현명한 시행착오'가 중요해진 배경입니다.

그러니 실패도 숨길 일이 아닙니다. 실패로부터 배워야 합니다. 이른바 '실패의 지식화'입니다. 주요 선진국에선 이미 실패를 혁신의 기반으로 삼고 있습니다. 왜 실패했는지를 분석해 재발 방지에 초점을 맞추기도 하고, 실패의 크기와 확률 등 예상되는 실패를 미리 예측해 그 여파를 최소화하는 데 활용하기도 합니다. 실패가 금기시되면 직원들의 용기는 사그라듭니다. 새로운 도전은 언감생심, 남의 일일 뿐입니다. 어느 누구도 도전하지 않는 조직은 그렇게 죽어가는 겁니다. 실패를 껴안아야 성공이 나옵니다. 잊어서는 안 될, 실패에 대처하는 우리의 자세입니다.

"실패를 자주 하지 않는다는 것은 곧 도전하지 않고, 위험을 그만큼 떠안지 않는다는 얘기다." 핀란드의 모바일게임사 슈퍼셀의 창업자이자 CEO인 일카 파나넨의 말입니다. 슈퍼셀은 우리나라에서도 많은 인기를 끌고 있는 게임 '클래시 오브 클랜'과 '클래시 로얄' 등으로 유명한 게임회사입니다. 2015년 기준 2조 8천억 원의 매출에, 영업이익이 1조 1천억 원에 달하는 기업의 CEO 역시 이처럼 실패의 중요성을 강조합니다. 새로 출시한 게임이 실패할 때마다 이를 기념하는 샴페인 파티를 벌이는 슈퍼셀의 전통은 그렇게 생겨났습니다. 슈퍼셀의 성공 비결 역시 '실패에 관대한 문화'였습니다.

실패가 금기시되면
직원들의 용기는 사그라든다.
어느 누구도 도전하지 않는
조직은 그렇게 죽어간다.

실패를 껴안아야
성공이 나온다.

노자와
×
캐주얼

둘

'성공'이 아니라 '공성'

축구에서 승부차기는 경기의 백미다. 11m 거리를 날아가는 축구공의 속도는 시속 140km. 공격수가 찬 공이 골라인을 통과하는 데 걸리는 시간은 불과 0.5초다. 말 그대로 승부를 가르는 순간이니 심장을 쫄깃하게 만드는 긴장감이 손에 땀을 쥐게 한다. 하지만 실제 골이 들어갈 확률은 무려 90%에 육박한다. 못 넣는 게 이상할 정도다. 그러니 골을 막아야 하는 골키퍼는 담담한 반면, 골을 넣어야 하는 공격수의 얼굴은 초조함으로 벌겋게 상기된다. 실제로 영국 BBC스포츠의 월드컵 승부차기에 대한 통계치를 보면 이기고 있는 상황에서 마지막 키커의 골 성공률은 93%인 데 반해, 이 골을 못 넣으면 우리 팀의 패배가 확정되는 상황에 놓인 키커의 골 성공률은 44%로 뚝 떨어진다. 그만큼 심리적 요인이 승부차기에 미치는 영향이 크다는 얘기다.

그런데 더 재미있는 통계가 있다. 보통 골키퍼가 승부차기를 막아내는 확률은 통계상 12.6%. 대략 열 개의 슛 중 한 골은 막는다는 이야기다. 키커들이 골대 어느 쪽으로 공을 차는지에 대한 통계를 보면 왼쪽으로 찬 경우가 39.2%, 오른쪽으로 찬 경우가 32.1%, 가운데가 28.7%였다. 그러고 보니 좀 이상하다. 가운데로 차는 게 거의 30%라니 이는 골키퍼가 가운데 가만 서 있기만 해도 열 골 중 세 골은 막는다는 이야기다.

그럼에도 방어율이 10%대로 떨어지는 이유는 무엇일까? 골키퍼가 미리 몸을 던져서다. 우리가 많이 봐왔던 것처럼 키커가 공을 차는 순간, 골키퍼는 이미 어느 한쪽으로 몸을 날린다. 어차피 0.5초면 공이 골라인을 통과하고 마니 승부수를 띄우는 거다. 어느 쪽으로 몸을 날리나 봤더니 왼쪽으로 44.4%, 오른쪽으로 49.3%다. 가운데 가만히 서 있는 경우는 6.3%에 불과했다.

골키퍼 입장에서는 어차피 못 막을 확률이 높은 게임이다. 그렇다면 뭔가 열심히 하는 모습이라도 보이는 게 중요하다. 아무것도 하지 않고 가만히 서 있다가 골을 먹으면 비난이 쇄도할 터다. "쟤 왜 저렇게 무성의한 거야? 골을 막으려는 의지가 없어." 그래서 일단 몸을 던지는 거다. 골을 막겠다는 의지보다는 욕을 안 먹겠다는 생존 본능에서 나오는 처절한 동작이다. 참 우습고도 슬픈, 시쳇말로 '웃픈' 일이다.

그런데 이런 일이 나에게, 그리고 우리 조직에 없으란 법이 없다. 가만히 있다가는 욕먹을 것 같아서 뭐라도 하는 거다. 가만히 있는 게 도와주는 건데도 굳이 뭔가 일을 자꾸 만든다. 세상을 있는 그대로 바라보지 못하는 거다. 이념적 당위로만 세상을 바라보니 시위를 떠난 살이 자꾸 과녁을 벗어난다. '무위'하지 못하고 '유위'해서다. 노자의 무위는 기존의 지식과 이념, 선입견과 경험을 덜어내는 행위다. 세상의 틀에 갇혀 뭔가를 억지로 하지 말라는 얘기다. '무위하면 못 할 일이 없다'는 노자의 말, 음미해볼 필요가 있다.

《도덕경》 48장에 '취천하상이무사取天下常以無事'란 표현이 나온다. 천하를 얻으려면 늘 '무사'해야 한다는 말이다. '무사無事'의 반대는 '유사有事'다. 유사는 인위적 기준과 작위적 목적으로 일을 꾸미는 것을 뜻한다. 다시 말해 무사는 무위와 같은 의미로 쓰인 단어다. 변화에 대한 물 흐르듯 자연스러운 대응이 아니면 기존의 모서리와 어긋나게 마련이다. 결과는 실패다. 성공하더라도 힘겨울 수밖에 없다. 물길을 거스르니 당연한 일이다.

관건은 '자연自然'이다. '스스로' 자에 '그럴' 연 말이다. '사람의 힘이 더해지지 아니하고 세상에 스스로 존재하거나 우주에 저절로 이루어지는 모든 존재나 상태.' 자연의 사전적 의미다. 철학적으로는 사람과 사물의 본성이나 본질을 의미하는 표현으로도 쓰인다. 천하를 취하는 비결은 바로 이거다. 자연의 섭리를 따르는 것. 섭리를 따르니 몸에 억지로 힘이 들어갈 일이 없다. 바람에 돛 단 듯 배는 나아간다. 노자가 '성공'이 아니라 '공성'이란 표현을 쓴 배경이다. 공은 이루는 게 아니라 이루어지게 하는 거라는 의미다.

비행기도 하늘에 떠 있고 배도 물 위에 떠 있다. 하지만 비행기는 떠 있기 위해 어마어마한 자원을 투입해야 한다. 그렇지 않으면 바로 하늘에서 떨어진다. 반면 배는 아무런 자원 투입 없이도 물 위에 편안히 떠 있다. 물이 배를 받쳐주어서다. 뜨기 위해 아등바등 애를 써야 하는 비행기와 달리 유유히 물 위에 떠 있는 배를 보며 '성공'이 아니라 '공성'의 지혜를 깨닫는다.

'대음희성 대상무형大音希聲 大象無形'이라 했다. 크고 큰 음은 오히려 소리가 없고, 크고 큰 상은 오히려 형태가 없다는 의미다. 큰 그릇도 그렇다. 크고 큰 그릇은 결코 완성이 없다. 지금 이 순간에도 그 크기가 더욱 커지고 있어서다.

목표를 향해 힘겹게 내딛는 억지 발걸음은 무거울 수밖에 없다. 그러니 눈에 보이는 알량한 목표와 성과에 매몰되어서는 안 된다. 이면의 '과정'이 훨씬 중요하다. 그 과정을 즐길 수 있어야 한다. 하늘과 땅이 장구한 이유도 스스로 살려고 하지 않아서다. '목표 없는 성공'이라는 역설적 표현은 그래서 지혜롭고, 그래서 유효하다.

노자의 무위는
기존의 지식과 이념, 선입견과
경험을 덜어내는 행위다.
세상의 틀에 갇혀 뭔가를
억지로 하지 말라는 얘기다.

그동안 너무 빡빡하게만 살았다. 달라진 세상에서 이제 중요한 건 '놀이' 그리고 '놀이정신'이다. 놀이정신은 창의와 상상의 또 다른 이름이다. 열정과 도전의 또 다른 모습이다. 즐겨야 한다. 재밌어야 한다. 재미가 있으니 몰입하게 되고, 몰입을 하니 성과가 난다. 이른바 '덕후의 경영학'이다. 이제 '덕력'이 스펙이고, '덕후'가 능력자인 세상이다. 세상에 정답은 없다. 아무도 가보지 않은 길을 갈 때 모든 게 달라진다. 내 길은 내가 만들며 가는 거다. 그게 바로 내 일과 삶의 기업가정신이다. 재미가 곧 경쟁력이다!

재미를 허락하라

나는 미술을 믿지 않는다, 미술가를 믿는다

엄마가 청소를 하고 있습니다. 그런데 욕실 욕조에 물을 받아 놓고 아이가 옆으로 누워 있습니다. 정수리부터 발끝까지 선을 그은 것처럼 딱 몸의 세로 절반을 물에 넣고 있는 겁니다. 깜짝 놀란 엄마가 뭐 하는 거냐고 물어봅니다. 아이가 대답합니다. 반신욕이랍니다. 생각해보니 반신욕 맞습니다. 몸의 절반을 물에 넣는 게 반신욕입니다. 그게 하반신이든 좌반신 혹은 우반신이든 상관이 없습니다. 헌법에 명문화되어 있는 사항도 아닙니다. 싱거운 이야기를 괜스레 늘어놓은 이유는 '놀이'에 대한 얘기를 하고 싶어서입니다.

마르셀 뒤샹. 20세기 초반 산업화가 만들어낸 대량 생산 시대의 현대미술은 그와 함께 시작됐다고 해도 과언이 아닙니다. 그가 1917년 뉴욕의 한 전시회에서 남자용 소변기를 '샘Fountain'이라고 이름 붙여 작품으로 내놓자 "뭐야, 미쳤나? 이제 예술은 망했군!" 하는 격한 반응이 쏟아졌습니다. 하지만 새로운 예술을 찾던 일군의 예술가들에게 그의 작품은 복음福音이었습니다. 미술을 '평평한 캔버스 위에 대상을 재현하거나 인간의 감정을 다양하게 표현하는 방식'으로만 알았던 사람들에게 기존 미술의 종언을 고한 겁니다. 물질의 시대가 만들어낸 더러운 '변기'와 아름다움을 추구하는 '예술'이라는 이질적인 요소의 결합! 그 생경함은 매우 충격적으로 다가왔습니다.

뒤샹은 말합니다. "나는 미술을 믿지 않는다. 미술가를 믿는다." 미술가인 내가 미술이라고 정의하면 그걸로 끝이라는 이야기입니다. 그러니 자꾸 토 달지 말라는 것입니다. 어떻게 보면 참 오만합니다. 하지만 미술의 가치에 대한 객관적인 척도가 없는 것도 사실입니다. 예술사회학자인 세라 손튼은 "미술가는 자기 작품에 영향력을 발휘하는 신화를 창조하고 유지한다"고 했습니다. 마르셀 뒤샹도 그런 생각이었을 겁니다. 손튼의 말마따나 미술가가 된다는 것은 그저 직업을 의미하는 게 아닙니다. 그것은 갖은 애를 써서 얻은 정체성, 시간과 함께 쌓아올린 평판, 진정성과 연계된 독특한 사회적 위상입니다.

각설하고, 제가 강조하고 싶은 포인트는 이겁니다. '정답은 없다'라는 겁니다. 아니, 오히려 '정답은 많다'입니다. 어떤 건 예술이고 어떤 건 아니라며 구분하고 정의하려면 예술의 본질과 속성에 대한 명확한 개념이 널리 공유되어야 합니다. 하지만 사람의 영혼을 쓰다듬어주는 예술에 그런 잣대를 기계적으로 들이댄다는 것도 어불성설입니다. 그 깨달음을 우리에게 던져준 사람이 바로 마르셀 뒤샹입니다. 일상 속 오브제를 예술 작품으로 승화시켜 현대미술의 일대 전환을 불러온 것입니다. 뒤샹은 그래서 도전자였고, 그래서 반역자였고, 그래서 혁명가였습니다.

놀이란 우리 인간이 즐거움을 얻기 위해 하는 활동을 일컫습니다. 대가를 바라지 않고 하는 행위입니다. 누가 시켜서가 아니라 자발적으로 하는 행위입니다. 재미있고 즐겁기 때문입니다. 놀이는 성장에 필요한 경험을 얻는 데 유용한 도구이기도 합니다. 1938년 네덜란드의 문화사학자인 요한 하위징아는 《호모 루덴스》라는 책을 통해 '놀이하는 인간'을 조명합니다.

인간은 생각도 하고(호모 사피엔스), 일하기도 하지만(호모 파베르), 놀이를 통해서 문화를 형성해 왔다는 겁니다(호모 루덴스). 즉, 인간은 놀이를 통해 자유로운 상상력을 펼치며 비일상성, 탈일상성을 실천하는 유희적 존재라는 게 골간입니다. 핵심은 일상을 벗어난다는 점입니다. 그게 재미입니다. 일상을 벗어날 때 보이는 것들이 있습니다. 상자 안에 갇혀 있을 때는 안 보이던 것들입니다. 그 상자를 깨고 나오면 비로소 보이는 것들, 그걸 뒤샹은 본 겁니다. 놀이정신이 예술과 맞닿아 있다는 방증입니다.

'놀다'라는 의미의 영어 단어는 '플레이^Play'입니다. 그런데 '플레이'에는 또 다른 의미가 있습니다. 학창 시절 영어 시간을 떠올려 보면 압니다. '악기를 연주하다' 할 때 쓰는 단어도 '플레이'입니다. '피아노를 연주하다'는 'Play the piano'입니다. '놀다'라는 개념이 창의적 예술 활동이랑 이렇게 이어져 있음을 알 수가 있습니다. 다시 말해 '잘 논다'라는 얘기는 '창의적'이라는 말과 다를 바 없습니다. 그렇게 보면 잘 노는 건 이제 경쟁력입니다. 창의력이 중요한 세상이라서입니다. 김정운 교수의 책《노는 만큼 성공한다》와 세계적인 경영컨설턴트 오마에 겐이치의《OFF학: 잘 노는 사람이 성공한다》라는 책이 맥락도 없이 엉뚱한 이야기를 하는 게 아닙니다.

그럼에도 우리는 노는 걸 범죄시해왔습니다. 자고로 사람은 부지런해야 한다고 생각했습니다. 그러니 '놀이'와 '재미'는 골방 신세였습니다. 일은 세계에서 제일 많이 하면서 노는 것만큼은 어찌해야 할지 잘 모릅니다. 기껏해야 코가 비뚤어지게 술을 마시고 노래방 가서 넥타이를 이마에 둘러 묶고 고래고래 소리 지르는 우리의 유흥 문화는 그래서 참 안타깝습니다. 제대로 즐길 줄을 모르는 겁니다. 한 번도 배워본 적이 없으니 당연한 일입니다. 말 나온 김에 부끄러운 제 경험도 하나 고백합니다. 대학 시절 호주로 어학연수를 갔던 적이 있습니다. 할아버지와 할머니, 두 부부가 사는 집에 몇 달을 홈스테이로 머물며 떠올린 단어는 딱 하나, '따분함'이었습니다. 서울의 화려하고 자극적인 밤 문화에 젖어 있던 저에게 호주의 평화로운 일상은 무척이나 지루하게 느껴졌습니다. 할아버지와 할머니는 정원을 가꾸고, 산책을 하고, 운동을 하고, 영화를 보고, 이웃과의 소박한 파티를 즐기며 만끽했던 평화와 행복을 저는 청맹과니마냥 제대로 보지도 못하고 놓쳐버렸던 겁니다. 돌아보면, 후회 가득한 시간입니다.

놀이정신, 금기를 깨다

예전에 볼 수 없던 기업 내 장기 휴가가 요즘은 흔해졌습니다. 뒤통수가 따가워서 짧게 가는 것도 힘들었던 휴가입니다. 그런데 이제는 많은 기업들이 휴가를, 그것도 장기 휴가를 장려합니다. 제가 몸담았던 휴넷이라는 회사도 만 5년을 근무하면 한 달간 유급 휴가를 주었습니다. 저 역시 휴넷 재직 시 이 휴가로 온 가족이 제주 여행을 간 적이 있습니다. 차를 타고 출발하여 충청도와 전라도를 거쳐 목포에서 배를 타고 제주로 들어갔던, 3주가 넘는 제주 여행이었습니다.

제주야 그전에도 자주 갔던 여행지입니다. 하지만 3박 4일, 4박 5일의 제주 여행에서는 결코 못 해볼 경험을 한 달간의 여행에서 했던 순간이 있습니다. 다른 게 아닙니다. 제주에서 머리를 잘랐습니다. 혹시 이 책을 읽으시는 독자분들 중에서 제주가 고향이 아닌데 제주에서 머리를 잘라본 경험이 있는 분이 얼마나 되실는지요? 짧은 여행이었다면 가볼 일이 전혀 없었을 제주의 미용실입니다. 하지만 오래 있다 보니 머리도 깎게 되더라는 겁니다. 그때, 깨달았습니다. 여행이란 것도 기간에 따라 보고 듣고 느끼고 체험하는 게 달라질 수 있다는 것을 요. 그저 잠시 스쳐만 지나가는 게 아니라 그곳 사람들의 삶과 문화 속으로 한 발 더 깊숙이 들어가는 느낌이었다고나 할까요? 기존의 짧은 여행에서는 결코 체험할 수 없었던 느낌과 감정이었습니다.

우리는 '재충전'이라는 말을 많이 씁니다. 휴가를 통해 재충전을 하려 하지만 평일과 별다를 바 없는 휴일에서 제대로 된 충전의 의미를 찾기가 힘듭니다. 3주 이상 휴가를 독려하는 선진국 기업들은 이런 장기간에 걸친 휴가와 휴식을 통해 직원들이 새로운 영감과 아이디어로 재충전할 수 있도록 해줍니다. 평범한 일상과의 단절을 통한, 평소에는 겪기 힘든 체험을 통한 재충전입니다. 이른바 '놀이정신'이 빚어내는, 모험과 도전을 통한 새로운 세상과의 조우입니다.

평범함과 단조로움을 깨고 나오는 '재미'라는 요소는 놀이정신을 통해 이제 패션 쪽으로도 이어집니다. 바로 믹스매치 양말, 이름하여 '짝짝이 양말'입니다. 어른들이 보셨다면 "정신 바짝 차리고 다녀라!" 하고 불호령이 떨어졌을 겁니다. 하지만 이제는 다릅니다. 패션피플, 즉 '패피' 소리 좀 들으려면 양

장기간에 걸친
휴가와 휴식을 통해 직원들은
새로운 영감과 아이디어로
재충전할 기회를 제공받는다.

평범한 일상과의 단절을 통한,
모험과 도전을 통한
새로운 세상과의 조우다.

말도 짝짝이로 신어야 하는 세상입니다. 양말뿐만이 아닙니다. 신발도 그렇습니다. 블랙마틴싯봉이라는 패션 브랜드는 기존의 신발 한 컬레에다 디자인이 다른 신발 한 짝을 더 끼워 판매를 합니다. '론니 슈즈Lonely Shoes'라 하여 아예 비대칭을 콘셉트로 출시된 신발입니다. 좌우동일이라는 신발의 완벽한 대칭성에 도전장을 던진 겁니다. 시작은 패션 브랜드 셀린이었습니다. 이런 상식 밖의 트렌드가 파격의 패피들을 통해 널리 퍼져 나갑니다.

더 놀라운 건 이런 짝짝이 패션을 패션 리더들뿐만 아니라 운동선수들도 신는다는 겁니다. 지난 2014 월드컵 때 스포츠 브랜드 푸마는 '놀라운 기량'이란 의미를 담은 '트릭스Tricks'라는 짝짝이 축구화를 선보였습니다. 우리나라의 김보경 선수를 비롯하여 세계적인 선수들이 이 트릭스를 신고 녹색 그라운드를 누볐습니다. 그들은 입을 모아 말했습니다. 트릭스를 신으니 뭔가 룰을 깨는 듯한 일탈의 느낌을 갖게 되더라고 말입니다. 그라운드의 지배자가 된 듯한 느낌이라고 덧붙입니다. 이게 바로 재미, 놀이, 일탈, 도전, 혁신의 힘입니다.

사실 이런 비대칭의 요소들은 의류 패션 분야에서는 이미 많

이 시도된 것들입니다. 한가운데 있던 지퍼를 한쪽으로 치우
치게 디자인한다든지, 상의 양쪽 소매를 한쪽은 길게, 한쪽은
짧게 디자인하는 식입니다. 양말 차림에 샌들을 신는다거나,
청바지에 청재킷을 입는다거나, 정장 수트에 운동화를 신는
등 기존의 패션 문법을 파괴하는 옷차림도 최근 인기입니다.
한때 '패션 테러' 혹은 '아재 인증 패션'으로 지목되었던 샌들
과 양말 조합은 이제 패션 사전 한 페이지에 당당히 이름을 올
렸습니다. 청바지에 청재킷을 입은 과거의 패션 테러리스트는
이제 패셔니스타로 뜨거운 각광을 받습니다. '정장+운동화' 조
합은 '정장+샌들' 조합으로까지 진화합니다. 패션에 금기는 없
습니다. 금기 자체가 유행이 되었습니다. 내 멋에 사는 겁니다.
패션 분야의 이런 놀이정신이 이제 그 영역을 넘어 사회 전반
으로 확산되는 양상입니다.

내 길은 내가 만들면서 간다

우리는 삶의 매 순간, 선택을 강요받습니다. 어떻게 보면 우리
인생이란 건 선택의 연속입니다. 자, 상상해보세요. 눈앞에 두

갈래 길이 있습니다. 오른쪽 길을 택하시겠습니까, 왼쪽 길을
택하시겠습니까? 로버트 프로스트는 그의 시 〈가지 않은 길The
Road Not Taken〉에서 이렇게 노래합니다.

노란 숲속에 두 갈래 길이 있었다

Two roads diverged in a yellow wood

(…중략)

나는 사람이 적게 간 길을 택하였다

I took the one less travelled by

그리고 그것 때문에 모든 것이 달라졌다

And that has made all the difference

이 시에 대한 해석은 저마다 분분합니다. 하지만 경영마케팅
을 연구하고 글을 쓰는 제 입장에서의 해석은 역시 '차별화'이
며, '기업가정신'이며, '혁신'입니다. 두 갈래 길 중 남들이 선택
하지 않은 길을 선택하자, 모든 게 달라졌다는 얘기입니다. 물
론 많은 사람들이 선택한 길이 더 안전할 수는 있습니다. 하지
만 남들 하는 대로 해서는 남들과 비슷한 결과밖에 얻을 수 없
습니다. 창의적 성과는 다수가 아니라 소수의 편에 설 때 만들
어집니다. 그러니 뭐가 달라도 달라야 합니다. '기계적인 다름'

이 아니라 '나를 중심에 둔 다름'이어야 합니다. 내 앞에 길은 없습니다. 내 길은 내가 만들며 가는 겁니다. 그게 바로 도전이고 혁신입니다.

그런 사실을 웅변하는 사례가 있습니다. 머리가 치렁치렁한 세 명의 히피가 창업을 했습니다. 사업이 뭔지, 경영이 뭔지도 모르고 시작한 사업입니다. 그냥 히피 스타일대로 천방지축 좌충우돌하며 이어간 사업입니다. 가진 건 아무것도 없었습니다. 모험에 대한 열정과 자유, 그리고 개성이 다였습니다. 그렇게 시작한 사업이 지금은 모르는 사람이 없을 정도의 파워 브랜드를 만들어냈습니다. 이스트팩과 함께 전 세계 백팩 시장을 양분하고 있는 잔스포츠 이야기입니다. 세 히피들의 꿈은 돈이 아니었습니다. 도전 그 자체였습니다. 그들은 안주하지 않았습니다. 성공하는 순간 또 다른 꿈을 꾸었습니다. 그들의 열정에 계속 불을 붙인 건 다름 아닌 기업가정신이었습니다.

제가 정의하는 기업가정신은 그래서 이렇게 두 가지입니다. ①내 길은 내가 만들면서 간다. ②일단 하자, 안 되면 말고. 많은 CEO들이 변화를 두려워합니다. 불안하기 때문입니다. 그래서 늘 되묻습니다. "왜 우리가 이렇게 바꾸어야 하지?" 이는 내 앞에 길은 없다.
내 길은 내가 만들며 간다.
그게 바로 도전이고 혁신이다.

도전과 혁신을 가로막는 커다란 장애물입니다. 어지간하면 안 바꾸겠다는 얘기입니다. 기업가는 달라야 합니다. 앞장서서 저질러야 합니다. '왜 해야 되는지'가 아니라 '왜 하면 안 되는지'를 물어야 합니다. 일단 해보는 겁니다. 아니면 수정·개선하거나, 정말 아니면 그때 관두면 되는 겁니다. '일단 하자, 안 되면 말고' 정신입니다. 해보고 할 후회보다는 안 해보고 할 후회가 훨씬 크다는 걸 우리는 잘 압니다. '할 수 있을까, 없을까' 하며 두려움에 아예 시도조차 하지 못하는 우를 범하지 말자는 겁니다. 그래서 기업가의 또 다른 이름은 도전자입니다. 단언컨대, '아는 게 힘'이 아니라 '하는 게 힘'입니다.

"경영자는 연주하다 멈추고, 또 연주를 반복하는 시행착오로 발전하는 '오케스트라 리허설'의 지휘자다." '전략경영'의 대가 헨리 민츠버그 교수의 말입니다. 모든 걸 완벽히 준비하여 '짠' 하며 놀라게 하는 것이 중요한 게 아니라는 이야기입니다. 언제든 틀릴 수 있는 끊임없는 리허설을 통해, 지속적으로 약점을 보완해 나가는 게 포인트입니다. "이봐, 해봤어?"라며 묻던 故 정주영 현대그룹 회장의 말도 덧붙입니다. 일단 하고 볼 일입니다. 기업이든 내 삶이든 저질러야 경영입니다.

이쯤에서 질문 하나 드립니다. 성공한 사람이 행복할까요? 아니면 행복한 사람이 성공할까요?" 어렵지 않은 질문일 겁니다. 《죽어라 일만 하는 사람은 절대 모르는 스마트한 성공들》이라는 책이 힌트가 될 듯합니다. '억울하겠지만, 잘 쉬는 사람이 더 크게 성공한다'라는 도발적 문구가 표지에 적혀 있습니다. 잘나가는 맥킨지 컨설턴트로 하루에 세 시간밖에 못 자면서 일에 허덕이던 저자는 이야기합니다. 열심히 일하는 만큼 잘 쉬는 것이 중요하다는 믿음을 가지고 그것을 실천하는 게 중요하다고 말입니다. 일에 파묻혀 건강을 잃고 쓰러지기까지 한 그는 그 길로 회사에 사표를 던집니다. 그러고는 친구 세 명과 창업을 합니다. 벤처기업을 창업하여 키워 파는, 일종의 '회사 공장Company Factory'입니다. 지금 그는 주 35시간 이상 일하지 않으며 연간 8주의 휴가를 즐깁니다. 15개 회사를 경영하며 연간 매출 500억 원을 기록하는 CEO로서는 남다른 행보입니다.

사람들은 성공하면 행복해질 거라는 생각으로 현재를 희생합니다. 하지만 행복한 사람이 성공할 확률은 성공한 사람이 행복할 확률보다 훨씬 더 높다는 게 저자 마틴 베레가드의 설명입니다. 마땅히 누려야 할 삶의 행복을 놓치지 않으면서도 최고의 기업가로 성장한 사람들은 많습니다. 그들은 하나같이 무엇보다 '자신'을 먼저 돌보라고 말합니다. 돈을 아무리 많이 벌어도 함께 기뻐할 사람이 없다면, 또한 몸이 만신창이라면 행복은 딴 나라 얘기입니다. 지금의 업무 시간을 두 배로 늘린다고 생산성이 두 배가 될 수는 없습니다.

"사람들은 피곤한 삶이 높은 연봉을 가져다준다고 생각하지만, 사실은 그렇지 않아요. 진짜 돈을 버는 법은 자신이 가진 잠재력을 폭발시키는 겁니다. 자신이 하고 싶은 일을 하면 잠재력을 폭발시킬 수 있습니다. 그리고 그것이 사회에 이득이 된다면, 돈 버는 일은 너무 염려하지 않아도 돼요. 도움을 받는 사람들이 당신에게 돈을 지불할 겁니다. 그리고 당신도 그 일을 함으로써 행복할 수 있고요." 스스로를 쥐어짜는 방식으로는 더 이상 우리가 바라는 성공과 행복을 얻을 수 없다는 게 베레가드가 쓴 이 책의 핵심입니다.

자기가 하고 싶은 일, 좋아하는 일을 통해 성공한 사례는 주변에 많습니다. 여러분, 제이쓴을 아시나요? 그는 인테리어 분야의 파워블로거입니다. 〈제이쓴의 좌충우돌 싱글라이프〉라는 그의 블로그를 구독하는 사람이 15만 명을 넘어 16만 명을

자신이 하고 싶은 일을 하면
잠재력을 폭발시킬 수 있다.
그리고 그것이
사회에 이득이 된다면
돈 버는 일은 너무 염려하지
않아도 된다.
도움을 받는 사람들이
당신에게 돈을 지불할 것이니까.
그리고 당신도
그 일을 함으로써 행복할 수 있다.

향해 달려갑니다. 그의 인스타그램 계정 또한 팔로어 숫자가
근 20만에 육박합니다. 비유컨대, 셀프인테리어 분야의 아이
돌입니다.

"블로그가 입소문을 타고 유명해지니까 쪽지로 인테리어 문의
를 주시더라고요. 어차피 제 집 인테리어는 끝났겠다, 다른 집
인테리어를 도와주기 시작했죠. 인테리어는 재미있는 취미 생
활이에요. 저는 취미 생활을 해서 좋고, 그분들은 거주 환경이
예쁘게 변하니까 또 좋고. 일석이조 아니겠어요?"

그렇게 시작한 인테리어 재능 기부 '오지랖 프로젝트'는《제이
쓴, 내 방을 부탁해》와《제이쓴의 5만 원 자취방 인테리어》, 두
권의 책이 되었습니다. 사실 어릴 적 그는 공부를 열심히 하는
모범생은 아니었습니다. 부모님 속을 꽤 썩이며 실업고등학교
전기과를 나와 패션디자인학과에 입학했지만 6개월 만에 그
만뒀습니다. 그러고는 아르바이트를 해서 모은 돈으로 동남
아 배낭여행을 하고 호주에서 3년을 지냈습니다. 그렇게 돌
아와 자신이 좋아하는 인테리어 일로 스타 아닌 스타가 된 것
입니다.

그는 〈헌집 줄게 새집 다오〉라는 JTBC의 TV프로그램에도 출연했습니다. "저는 인테리어가 재미있는 놀이라고 생각해요. 방송은 인테리어에 대한 제 스펙트럼을 넓히기 위한 취미생활 중 하나일 뿐이에요." 방송에서도 늘 선글라스를 끼고 나오는 그를 혹자는 건방지다 얘기하지만 그의 대답은 명쾌합니다. "취미생활을 굳이 얼굴과 사생활까지 공개하면서 해야 하나요? 저는 그저 제 취미생활을 방송을 통해 하고 있을 뿐이에요." 제이쓴의 성공, 아니 행복의 중심에는 이처럼 '재미'가 자리 잡고 있습니다.

왕관이 아니라 단두대가 있는 곳으로

거창고등학교라는 명문고가 있습니다. 경상남도 거창에 있는 학교인데요, 이 학교의 '직업 선택 10계명'이 눈길을 끕니다. 첫 번째 항목이 '월급이 적은 쪽을 택하라'입니다. 시작부터가 파격입니다. '승진의 기회가 거의 없는 곳을 택하라', '아무도 가지 않는 곳을 가라' 등 사회적 상식을 거스르는 계명들이 이어집니다. 압권은 9번입니다. '부모나 아내가 결사 반대를 하

는 곳이면 틀림없다, 의심치 말고 가라.' 대미를 장식하는 10
번도 퍽이나 인상적입니다. '왕관이 아니라 단두대가 기다리고
있는 곳으로 가라.'

거창고 작업 선택 10계명

1. 월급이 적은 곳을 선택하라.

2. 내가 원하는 곳이 아니라 나를 필요로 하는 곳을 선택
하라.

3. 승진의 기회가 거의 없는 곳을 선택하라.

4. 모든 조건이 갖추어진 곳은 피하고, 처음부터 시작해
야 하는 황무지를 선택하라.

5. 앞을 다투어 모여드는 곳은 절대 가지 마라. 아무도 가
시 않는 곳으로 가라.

6. 장래성이 전혀 없다고 생각되는 곳으로 가라.

7. 사회적 존경 같은 것을 바라볼 수 없는 곳으로 가라.

8. 한가운데가 아니라 가장자리로 가라.

9. 부모나 아내, 약혼자가 결사 반대를 하는 곳이면 틀림
없다. 의심치 말고 가라.

10. 왕관이 아니라 단두대가 기다리고 있는 곳으로 가라.

제 눈에 보이는 이 10계명은 '블루오션 전략'의 또 다른 버전입니다. 블루오션 전략은 인시아드^{INSEAD} 경영대학원의 김위찬 교수와 르네 마보안 교수가 2004년 발표한 경영 전략입니다. 경쟁자가 즐비한 피비린내 나는 레드오션이 아니라 경쟁 없는 새로운 시장, 블루오션을 만들라는 게 골자입니다. 즉, 기존의 한정된 고객을 놓고 어슷한 전략과 비슷한 상품으로 치열한 경쟁을 벌여봐야 별무소득이라는 겁니다. 기존의 고객이 아니었던 사람을 고객으로 끌어들일 수 있는 새로운 시장을 개척하라는 겁니다. 거창고등학교의 직업 선택 10계명도 같은 맥락입니다. 남들이 노래를 부르는 판검사, 의사, 변호사가 아니라 경쟁이 없는 새로운 너만의 분야를 개척하라는 이야기입니다. 아무도 가지 않은 무주공산에 너만의 깃발을 꽂고, '가운데'가 아니라 '주변'으로 가라는 조언입니다. 거창고 10계명은 세상은 늘 주변에 의해 뒤집어짐을 꿰뚫어보고 있습니다.

다시 말해 '혁명'입니다. 혁명가로 살라는 이야기입니다. 주어진 길을 영혼 없이 터덜터덜 걸어가지 말고 스스로의 시각과 생각으로 내 삶의 혁명을, 더 나아가 남들이 꿈꾸지 못한 사회의 혁명을 이루어야 합니다.

혁명가로 살자.

주어진 길을 영혼 없이
터덜터덜 걸어가지 말고
스스로의 시각과 생각으로
내 삶의 혁명을,
더 나아가 남들이 꿈꾸지 못한
사회의 혁명을 이루자.

교육의 목적은 지식을 전달하는 게 아닙니다. 세상이 정해놓은 기준에 맞추지 않고 내가 꿈꾸는 삶을 살아갈 용기를 주는 것입니다. 거창고등학교 직업 선택 10계명에는 이러한 교육의 본질이 짙게 녹아 있습니다.

하지만 사람들은 거꾸로 갑니다. 훌륭한 경영자를 길러내는 교육이 아니라 말 잘 듣는 직장인을 길러내는 교육 말입니다. 지금 우리 사회에서 가장 빠르게 앞서나가는 것은 기업이고, 가장 느린 것은 교육이라는 말이 그래서 나옵니다. 예전 같은 고속 성장 시대에는 좋은 대학 나와 좋은 직장에 들어가는 것이 일반적인 성공 공식이었습니다. 하지만 지금은 다릅니다. 좋은 대학에 들어갔다고 안정적인 삶이 보장되지 않습니다. 지금의 수능 교육으로는 기업가정신, 열정, 도전, 창의 역량을 키워낼 수가 없습니다. 21세기를 살아가는 이 시점에서, 작금의 20세기형 교육을 돌아보면 참 답답합니다.

4차 산업혁명이 한창입니다. 4차 산업혁명의 본질은 '초연결'과 '초지능'입니다. 사람을 넘어 사물끼리도 연결되는 세상입니다. 사물인터넷입니다. 그 연결 속에서 생성되는 데이터의 양과 속도와 종류가 어마어마합니다. 빅데이터입니다. 그 데

이터를 바탕으로 로봇은 하루가 다르게 똑똑해지고 있습니다. 인공지능입니다. 즉, 편집이 불가능했던 오프라인의 우리 삶이 온라인 속의 데이터로 바뀌는 겁니다. 그렇게 바뀐 데이터를 잘라내고 붙이며 편집하여 다시 오프라인 속 삶을 재구성하는 것, 이게 4차 산업혁명이 우리에게 가져다준 그리고 가져다줄 변화의 핵심입니다.

'초연결'과 '초지능'은 '초경쟁'으로 이어집니다. 이제 기업 경영의 입장에서도 180도 달라진 환경에 대처하기 위한 새로운 역량과 전략이 필요합니다. 그런 변화의 명제는 교육에도 그대로 들어맞습니다. 전문가들은 4차 산업혁명을 선도하려면 수능 위주의 교육 방식을 뜯어고쳐야 한다고 이구동성으로 이야기합니다. 이제 대학 전공 하나로 30년 일하던 시대는 끝이 났습니다. 어디서 얼마나 공부했는지와 같은 학벌을 의미하는 '학력學歷'이 아니라 공부하는 힘으로서의 '학력學力'이 중요해졌습니다. 임진왜란이 일어난 해가 몇 년도인지 외우는 건 더 이상 의미가 없습니다. 임진왜란으로 인한 정치적, 사회적, 경제적 변화를 읽어내는 게 훨씬 더 중요한 교육이라는 얘기입니다.

민벌레라는 곤충이 있습니다. 세계적인 희귀 곤충입니다. 이 희귀한 곤충을 연구한 학자가 우리나라에 있습니다. "워낙 희귀한 곤충이다 보니 연구 주제를 발표하는 순간 곧바로 세계 1인자가 되었다." 통섭으로 유명한 최재천 교수가 그 장본인입니다. 이런 걸 해야 합니다. 남들이 안 하는 것, 남들이 피하는 것 말입니다. 장래성이 있느냐 없느냐가 유일한 기준이 되어서는 안 됩니다. 내 마음의 목소리에 귀를 기울여야 합니다. 그래서 하고 싶다면 하는 겁니다. 내가 좋아하는 것을 즐겁게 연구하다 보니 생각지도 못한 블루오션이 내 앞에 열립니다. 분위기에 편승하여 그저 남들 따라가는 삶을 산 게 아니기 때문입니다. 내가 중심이 되어 내가 하고 싶은 일을 선택했기 때문입니다.

다른 사람 마음에 들자고 사는 인생이 아닙니다. 내 삶의 주인공은 오롯이 나여야 합니다. 4차 산업혁명이라는 혁명적 변화가 진행 중인 지금, 혁명가로 살라는 거창고의 직업 선택 10계명은 내 삶에도 블루오션 전략이 필요함을 웅변합니다.

덕력이 스펙이다

국민 메신저라 불리는 카카오톡에는 이제는 가족만큼이나 친근해진 '카카오프렌즈'가 있습니다. 곰이냐, 사자냐, 토끼냐, 단무지냐 하는 논쟁은 의미가 없습니다. 그들은 이미 우리 생활 속 일부가 되었습니다. 그런 국민적 인기를 끌고 있는 카카오프렌즈를 만드는 팀이 있습니다. 주식회사 카카오 내 '카카오프렌즈 셀Cell'입니다. 하늘 높은 줄 모르고 치솟는 카톡 이모티콘 시장은 이들로 인해 돌아간다 해도 과언이 아닙니다. 이들의 역할은 사람들이 카카오 캐릭터들을 통해 그때그때의 감정을 표현하고 전달하도록 도와주는 겁니다. 그러기 위해 이들은 카카오프렌즈 하나하나의 캐릭터에 완전히 몰입합니다. 단지 디자인을 예쁘게 만드는 게 다가 아닙니다. 캐릭터 하나하나를 진심으로 사랑하고 좋아해야 잘할 수 있는 일입니다. 그래서인지 그들은 일을 즐깁니다. 내가 좋아하는 일을 직업으로 하고 있으니, 시쳇말로 내가 열광하는 '덕질'과 '직업'이 하나가 되는 '덕업일치'의 경지에 오른 '덕후'들입니다.

덕후는 광적인 하위 문화 폐인을 뜻하는 일본어 '오타쿠御宅'

에서 나온 말입니다. 세상과 소통하지 못하고 쓸데없는 무언가에 편집증적으로 집착한다는 부정적인 의미로 쓰이던 단어였습니다. 하지만 최근 덕후에 대한 세간의 시선이 완전히 바뀌었습니다. 실제로 MBC에서는 〈능력자들〉이라는 TV프로그램을 통해 덕후들이 갖고 있는 놀라운 능력들을 발굴해 보여준 바 있습니다. 이를테면 '맥주 덕후'는 티스푼으로 한두 방울 맛을 보고는 어느 나라, 어떤 브랜드의 맥주인지를 정확하게 맞힙니다. 우리나라에서 전 세계 수입 맥주 400여 종이 팔리는 요즘, 정말 대단한 능력입니다. '햄버거 덕후'도 있습니다. 그는 우리나라의 모든 패스트푸드 프랜차이즈 햄버거를 두루 섭렵한 햄버거 마니아입니다. 햄버거 속 재료의 종류와 상태만 살펴보고도 어느 브랜드의 어떤 햄버거인지를 기가 막히게 맞힙니다. 뿐만 아닙니다. 원래 햄버거와 다른 부분까지 짚어냅니다. 예를 들어 "원래 A브랜드의 B햄버거에는 양파가 다져져서 들어가는데 이건 썰려서 들어갔네요" 하는 식입니다. 이쯤 되면 입이 딱 벌어집니다. 압권은 '치킨 덕후'입니다. 대한민국에 치킨 싫어하는 사람이 어디 있을까요? 그런데 웬만한 치킨 마니아는 이 사람 앞에서는 명함도 못 내밉니다. 치킨 덕후는 놀랍게도 다 먹고 난 치킨 뼈를 맞추어 닭 한 마리의 모습을 그대로 복원해냅니다. 박물관에 가면 흔히 볼 수 있는, 공룡 뼈를 짜 맞추어 만든 공룡 모형을 떠올리시면 됩니다. 닭의 뼈 구조와 해부도를 머릿속에 그대로 갖고 있는 셈입니다. 기가 막히는, 실로 놀라운 능력입니다.

자신이 좋아하는 것에 몰입함으로써 누구도 상상하지 못할 극강의 능력을 갖춘 이들 덕후는 이제 창의적 인재상으로 새롭게 각광받고 있습니다. 앞에서 말씀드린 맥주 덕후와 햄버거 덕후, 어디서 이들을 필요로 할까요? 맥주회사와 햄버거회사가 앞다투어 뽑아갈 인재들입니다. 치킨 덕후도 마찬가지입니다. 지금까지는 대학교 학점과 토익 점수를 보고 채용을 결정했지만, 그건 중요한 게 아니었음을 많은 기업들이 깨닫고 있습니다. 우리의 비즈니스 아이템을 진정으로 즐기고 사랑하는 이들이 우리 기업의 인재인 겁니다. 그래서일까요? '자동차 덕후'를 채용하겠다며 대대적인 홍보를 펼치는 현대자동차의 사례가 시대의 변화와 함께 자연스러워 보입니다. 알파고로 유명한 딥마인드의 CEO 데미스 하사비스는 열여섯 나이에 게임회사에 입사했습니다. 그리고 그 이듬해 자신의 이름을 단 게임을 선보였습니다. 덕업일치의 또 다른 사례입니다.

덕후는 곧 '취향'과 연결됩니다. 내가 좋아하는 나만의 취미가 능력이 되어버린 겁니다. 이런 특별한 취미는 그 자체로 밥벌이가 되기도 합니다. 올드카 마니아들이 취미로 구식 차를 개조하다가 아예 남의 차를 리스토어해주며 전문가로 나서는 경우입니다. 특정 분야의 깊은 애정이 콘텐츠 창조자가 된다는 의미에서 '테이스테셔널fastessional'이란 용어가 만들어졌습니다. 'Taste(맛·기호)'와 'Professional(전문가)'이 합쳐진 말입니다. 이제 비즈니스와 마케팅에서 취향이란 개념은 그 어느 때보다도 중요해졌습니다. 취향이 없으니 지금껏 아무거나 먹었습니다. 그러니 개성도, 창의력도 있을 리 만무합니다. 하지만 이젠 중국집에 가더라도 모두가 메뉴를 통일해야 하는 획일화된 사회가 아닙니다. 나만의 개성, 기호, 감각, 안목, 경험이 중요한 세상입니다. 자기만의 취향으로 무장한 덕후들에 꽂혔던 부정적인 시선들은 이제 긍정과 열광의 눈빛으로 바뀌었습니다. 내가 즐기던 나의 취미와 기호가 다른 사람들에게는 유용한 콘텐츠가 됩니다. 따지고 보면, 날고 싶다는 집착으로 인간의 비행을 가능케 해준 라이트 형제는 '비행 덕후'였고, 단순함에 대한 광적인 집착으로 스마트폰의 디자인 혁명을 이끌어낸 스티브 잡스는 '디자인 덕후'였던 셈입니다. 그래서인지 '인류는 덕후들의 능력으로 인해 진화되었다'는 말에도 고개를 끄덕이게 됩니다. '덕력이 스펙'인 세상입니다.

행복한 낚시 덕후, 시청률을 낚아 올리다

자기가 좋아하는 분야에 꽂혀 스스로도 전혀 생각지 못한 새로운 삶을 살아가는 이들이 많아진 요즘입니다. 미국의 한 소녀는 열한 살 때 패션에 투신했습니다. 그저 자기 취향대로 옷을 입고 그걸 찍은 사진을 블로그에 올렸습니다. 슬금슬금 늘어나던 방문자들이 어느 순간 폭발적으로 늘어납니다. 그 친구는 순식간에 글로벌 패션 전문가가 되었습니다. 급기야 열세 살 때 세계적인 패션쇼에 정식으로 초청받기도 했습니다. '나만의 패션스타일'이란 테마로 책도 내고 세계 유수의 패션 미디어들과 함께 활발한 활동을 펼칩니다. 이제 갓 스무 살의 나이지만 그녀는 벌써 업계 경력 10년차의 전문가가 되었습니다. 그녀가 뭘 입었는지가 콘텐츠가 되고, 비즈니스가 됩니다. 그녀는 단지 자기가 좋아하는 옷을 입었을 뿐이지만 남들에겐 패션에 대한 근사한 안목이자 취향이며 콘텐츠입니다. 1,000만을 훌쩍 뛰어넘는 구독자를 거느린 미국의 대표적 유튜브 스타 베서니 모타의 이야기입니다. 우리나라 MBC뉴스의 유튜브 구독자 수가 20만 명이 채 안 된다는 걸 감안하면 그녀의 유튜브 계정은 그 자체로 엄청난 파워미디어입니다.

미국의 ABC뉴스도 구독자 수가 430만 수준이니 오바마 전 미국 대통령이 현역 시절 그녀의 인터뷰에 응한 것도 이해 못할 바가 아닙니다.

우리나라에도 이런 유튜브 스타들이 즐비합니다. 대표적인 인물이 '대도서관'입니다. 대도서관은 '유튜브계의 유재석'이라 불리는 1인 미디어의 최강자입니다. 대도서관의 유튜브 계정을 구독하는 사람은 200만에 육박하고 유튜브 광고 수입만 월 3천여 만 원에 강연, 행사 MC 등의 일들로 매달 6천만 원 이상을 벌어들입니다. 최근에는 책도 써내면서 연간 수입이 17억 원을 넘어섰다는 전언입니다. 고졸 출신으로 어렵게 들어간 대기업을 박차고 나왔던 건 스스로를 '브랜드'로 만들어야겠다는 생각 때문이었습니다. 그래서 평소 좋아하던 게임에다 특유의 입담과 스토리를 가미하여 일종의 게임 예능 방송을 시작한 겁니다. 원래 수다를 떨거나 다른 사람을 재미있게 해주는 걸 좋아했다고 하니 이 역시 덕업일치의 사례입니다.

이런 유튜브 스타들과 계약을 맺고 마케팅, 저작권 관리, 콘텐츠 유통 등을 지원하고 이들이 유튜브에서 얻는 수익을 나누는 비즈니스도 급성장하고 있습니다. 소통의 기술과 자신만의 콘텐츠를 가지고 있으며, 기존의 스타와는 또 다른 영향력을 발휘하는 온라인 스타를 '인플루언서Influencer'라고 부릅니다. 참고로 CJ E&M과 계약된 인플루언서의 숫자만 1,200팀이라고 합니다. 나만의 취향과 덕질이 이렇게 새로운 비즈니스를 창출하고 있습니다.

덕후 얘기를 통해 사실 하고 싶은 말은 하나입니다. '재미'있게 살자는 겁니다. 내가 좋아하는 일을 즐김으로써 행복하게 사는 사람들을 TV에서도 만날 수 있습니다. '낚시 덕후' 이덕화와 이경규입니다. 아무도 쳐다보지 않던 채널A의 예능프로그램 〈도시어부〉의 시청률은 어느새 5%를 넘나듭니다. 공중파 방송에 결코 밀리지 않는, 종편으로서는 무척이나 높은 수치입니다. 중년을 훌쩍 넘어선 초로初老의 도시 어부들이 시청자들을 TV 앞으로 불러 모은 이유 역시 '재미'입니다. 잡히면 잡히는 대로, 안 잡히면 안 잡히는 대로, 낚시 자체를 사랑하고 재미있어 하는 그들을 보며 시청자들은 그 재미에 전염됩니다. 칠순을 훌쩍 넘기신 제 어머니마저 "도시어부 재밌더라" 하시며 방송 시간만 되면 채널을 고정하시니 재미의 힘은 이렇게나 큽니다.

"저도 20대 후반, 30대 초반까지는 엄청 불안했었어요. 주변에서 다들 '연예인은 오래가는 직업이 아니다', '한순간에 망하기 쉽다'는 말을 워낙 많이 했으니까요. 이 일을 언제까지 할 수 있을지 몰라서 걱정했었고요. 그래서 알지도 못하고 사업에 손을 댔다가 금방 망했죠. 나중에야 알았어요. 무슨 일을 하든, 그 일에 전념하지 않으면 절대 잘될 수 없다는 걸요."

연예인들이 사업에 눈을 돌리는 이유가 무엇인지에 대한, 2016 KBS 연예대상에 빛나는 가수 김종민 씨의 대답입니다. 비단 연예인만은 아닐 겁니다. 많은 사람들이 미래를 불안해합니다. 하지만 불안을 이기는 비결은 '재미'와 '몰입'이란 생각입니다. 내가 재미있게 할 수 있는 일을 찾아 거기에 몰입해야 합니다. 그렇게 뚜벅뚜벅 나아가는 겁니다.

어찌 보면 덕후는 이 시대의 행복 아이콘입니다. 행복하게 살려면 그만큼 재미가 중요하다는 말입니다. 성공한 사람이 행복한 게 아니라 행복한 사람이 성공한다는 이야기를 떠올릴 필요가 있습니다. 행복, 의외로 참 가까이에 있다 싶습니다.

나중에야 알았다.
무슨 일을 하든
그 일에 전념하지 않으면
절대 잘될 수 없다는 걸.

고기도 먹어본 사람이 잘 먹는다

'포켓몬고' 얘기를 좀 해볼까 합니다. 한때 포켓몬고 열풍이 대단했습니다. 포켓몬고는 증강현실 기술과 스마트폰을 활용하여 현실 속 가상의 괴물을 잡으러 다니는 게임입니다. 그 성공에 대해 수많은 매체에서 무수한 글들이 나왔습니다. 관련 기업들의 주가가 올랐다든지, 게임이 가능한 속초행 버스표가 동이 나고 관련 여행 상품이 출시되었다든지 하는 현상 스케치뿐만 아닙니다. 포켓몬고의 성공 요인에 대한 분석도 차고 넘칩니다. 첨단 기술을 바탕으로 한 증강현실 개념의 전략적 개가다, 온라인이 아니라 오프라인으로 사람들을 불러낸 개척정신의 성과다, 우리가 사는 세상 자체를 게임의 장으로 바꾼 상상력이 돋보인다, 탄탄한 구조의 스토리텔링에 의한 캐릭터의 승리다 등등 많은 전문가들이 포켓몬고의 인기를 다각도로 분석해 활자화했습니다.

하지만 과연 그게 포켓몬고 성공의 핵심일까요? 잘 아시다시피 포켓몬고의 원류는 '포켓몬'입니다. 포켓몬은 1997년 일본에서 만들어진 애니메이션입니다. 1999년 미국에서 개봉되어

이틀 만에 2,500만 달러의 수입을 기록했던 애니메이션계의 레전드지요. 한국 내 포켓몬의 인기 또한 가히 태풍이었습니다. 자연스레 우리 업계의 분발을 촉구하는 목소리가 터져 나왔습니다. 관련 업계에서 캐릭터를 활용한 만화나 게임 등 연관 사업들에 박차를 가한 배경입니다. 1999년 12월에는 각계각층에서 새천년 전략 산업으로 캐릭터 분야에 공을 들이겠다는 소식도 들려왔습니다. 하지만 그 후 이십 년이 다 되도록 글로벌 차원에서 특기할 만한 한국의 성공 사례는 찾아보기 어렵습니다.

복병은 '강박'이었습니다. 만화나 게임을 만들더라도 뭔가 교육 효과가 있어야 한다는 강박 말입니다. 이유는 간단합니다. 포켓몬의 거대한 인기 쓰나미에 대한 당시 언론과 여론의 첫 반응은 우려였습니다. 동심을 해치고 폭력성을 조장한다는 비판의 목소리가 컸습니다. 우리가 만화를 바라보던 프레임이 딱 그랬습니다. 90년대 초반만 해도 'TV만화에 동심 멍든다' 류의 기사 헤드라인이 일상이었습니다. 그러니 만화와 게임을 만드는 데도 재미는 뒷전이고 교육 효과를 욱여넣은 겁니다. '학습용 만화', '교육용 게임'이라는 어색한 조합의 문구들이 나온 배경입니다.

좀 돌아왔습니다. 제가 생각하는 성공과 행복의 열쇳말은 '재미'입니다. 언제부턴가 우리나라는 재미에 참 인색해졌습니다. '욕망을 거슬러 고통을 감수해야만 성공한다'라는 이상한 공감대가 부지불식간에 형성되었습니다. 관건은 재미입니다. 재미가 있으면 힘들어도 이겨낼 수 있습니다.

포켓몬고의 세계적인 열풍도 본질은 기술이나 전략이 아닙니다. 그런 게임을 만들어낼 수 있느냐 아니냐는 어릴 때부터 그런 재미에 빠져 살 수 있었냐 아니냐, 그런 재미에 빠져본 적이 있느냐 아니냐의 차이입니다. 고기도 먹어본 사람이 먹는다 했습니다. 게임과 함께 늘 그놈의 '교육적 효과'를 생각하는 사회에서는 결코 나올 수 없는 게임이 포켓몬고입니다. 제2의 포켓몬고를 만들자며 엉뚱한 데 열정을 쏟아부을 일이 아닙니다. 어린이는 오로지 교육의 대상이라는 생각, 이처럼 재미가 터부시되는 사회에서 창의 문화가 싹 트기를 바라는 건 참 뻔뻔스러운 기대다 싶습니다. 아인슈타인은 "창의성은 재미 지능"이라 이야기했습니다. 저부터 반성합니다. 진지 떠는 궁서체 걷어내고 더 재미있게 살 일입니다.

2016년에 종영된 tvN 드라마 〈응답하라 1988〉의 성공도 시

관건은 재미다.
재미가 있으면
힘들어도 이겨낼 수 있다.

사하는 바가 큽니다. 최고 시청률 18%를 뛰어넘은 '응팔'의 성공 요소는 여러 가지로 분석됩니다. 출연진들의 톱니바퀴처럼 맞물리는 연기의 합이라든가 생생한 시대 고증에다 남편이 누구인지를 궁금하게 만드는 추리적 요소까지, '응팔'은 많은 걸 가진 드라마였습니다. 하지만 제가 주목하고 싶은 부분은 대본의 생산 과정입니다. 이 드라마의 작가는 여느 드라마처럼 한 사람이 아닙니다. 물론 대표 작가는 이우정 작가입니다. 하지만 많은 스태프들이 잡담과 농담으로 웃고 떠들며 함께 만들어낸 대본입니다. 예컨대 이런 식입니다. "우리 학교 다닐 때는 이런 게 있었는데"라고 누가 하나 툭 던지면 "그래? 그때 이런 것도 있지 않았어?"라며 또 다른 누군가가 받는 식입니다. 실제 보고 듣고 체험했던 그 당시의 일들을 왁자지껄 낄낄거리며 주거니 받거니 하다 보니 그 생생한 장면들이 그대로 드라마에 녹아듭니다. 계급장 떼고 위아래 없이 벌이는 즐거운 회의가 따로 없습니다. 재미로 가득한, 이런 회의 아닌 회의가 제가 보는 '응팔'의 또 다른 성공 요인입니다.

회의 얘기가 나오니 지난여름에 있었던 정치권에서의 소동 하나가 떠오릅니다. 모 정당의 주요 회의에 한 젊은 참석자가 반소매 라운드 티셔츠에 여름용 재킷을 입고 왔습니다. 이에 일부 의원과 당직자의 날 선 지적이 터져 나왔습니다. 엄숙한 회의 자리에 어울리지 않는 복장이라는 겁니다. '엄숙한 회의 자리'라는 표현에서 깜짝 놀랐습니다. 회의는 엄숙하게 하는 게 아니라 문제를 해결하자고 모인 자리입니다. 문제 해결의 핵심은 창의성입니다. 아시겠지만 엄숙함과 창의성의 관계는 반비례합니다. 4차 산업혁명이 한창인 요즘, 회의에 대한 인식이 아직도 증기기관 시대에 머물러 있으니 혁신은 멀기만 합니다. 안타까울 따름입니다.

1년 365일 동안 대한민국에서 열리는 지역 축제가 무려 2,500개라는 통계가 있습니다. 하지만 성공하는 축제는 손에 꼽을 정도입니다. 엄청난 예산을 쏟아붓고 많은 인원을 투입하여 진행하는 축제일 겁니다. 그럼에도 성공하지 못하는 우리네 지역 축제의 문제는 도대체 무엇일까요? 그 원인을 찾기 전에 먼저 짚어볼 부분이 있습니다. 이런 지역 축제들을 왜 벌이냐는 겁니다. 동기는 대나무 마디처럼 명확합니다. 지역 경제 활성화입니다. 다시 말해 돈 벌기 위해 축제를 벌인다는 이야기입니다. 그러니 대부분의 지역 축제들이 이렇게 진행됩니다. 먼저 축제를 벌여 손님을 불러 모읍니다. 그러고는 손님더러 재밌게 놀라고 합니다. 정작 지역 주민들은 한 발 뒤로 슬그

머니 빠져서 손님들을 상대로 장사를 합니다. 아무리 축제라지만 낯선 곳에 와서 절로 흥이 넘쳐나기는 쉽지 않습니다. 그렇지 않아도 체면이 중요한 유교 문화의 사회입니다. 명석을 깔아줘도 놀까 말까 한데 알아서 놀라니요?

외국의 유명한 축제들을 한번 떠올려 보세요. 광란의 춤으로 대표되는 브라질의 '삼바 축제'나 물총 싸움으로 모두가 즐거워하는 태국의 '송크란 축제' 같은 것들 말입니다. 거기서는 누가 노나요? 그 지역 현지인들입니다. 그들 스스로가 미친 듯이 축제를 즐깁니다. 관광객을 위해서 노는 게 아닙니다. 스스로가 즐거운 겁니다. 관광객은 그런 그들의 모습을 구경하러 가는 겁니다. 그렇게 함께 어울리는 겁니다. 성공하는 축제의 키워드 역시 '재미'입니다. 나 스스로의 재미입니다. 단지 돈을 벌기 위해 벌이는 우리의 많은 지역 축제들이 실패할 수밖에 없는 이유입니다.

설렘이 사라지면 은퇴해야 한다

작은 꼬마 아이 하나가 과일잼을 만드는 할머니에게서 눈을 떼지 못합니다. 입안에서 달콤하게 녹아드는 그 과일잼을 자기가 직접 만들어보고 싶은 겁니다. "할머니, 잼 만드는 것 좀 가르쳐주세요." 그렇게 배운 실력으로 직접 과일잼을 만들기 시작합니다. 이렇게도 만들어보고 저렇게도 만들어봅니다. 그 과정이 아이에게는 너무나도 재미있습니다. 급기야 열네 살 때부터 사업을 시작합니다. 사업이라고 해봐야 대단할 건 없습니다. 직접 만든 과일잼을 마을 장터에서 팔았습니다. "이거, 제가 직접 만든 건데 여기서 좀 팔아볼 수 있을까요?" 그렇게 시작한 사업입니다. 그런데 이게 대박이 납니다. 열여섯이 되던 해 이 아이는 학교를 그만둡니다. 제대로 잼 한번 팔아보겠다고 말입니다.

'잼보이^{Jam Boy}'로 유명한 '슈퍼잼'의 CEO 프레이저 도허티 이야기입니다. 이제 갓 서른이 된 도허티는 말합니다. "잼은 나에게 '아침에 일어나 가장 먼저 생각나고 상상하는 것만으로도 즐거운 무엇'이다." 100% 천연 과일잼을 콘셉트로 하고 있는 슈퍼잼은 도허티에게 사업 이전에 즐겁고 재미있는 놀이였던 겁니다.

직업상 스타트업 CEO들을 자주 만나게 됩니다. 그들과 대화를 나누다 보면 재미있는 게 있습니다. "어쩌다 그런 아이템으로 사업을 시작하신 건가요?" 제가 주로 묻는 질문입니다. 그러면 어떤 이는 이렇게 대답합니다. "돈이 될 것 같아서요." 안타깝지만 이렇게 대답하는 CEO는 그리 잘되는 것 같지 않더군요. 설령 잘된다고 하더라도 이런 생각으로 사업을 시작한 사람들은 행복하기가 힘들다는 것을 경험적으로 배웠습니다. 정말 생각지도 못한, 행복한 성공을 빚어내는 CEO들은 이렇게 대답합니다. "이거 정말 재미있지 않나요?" 그렇게 반문하는 그들의 눈동자는 반짝반짝 빛이 납니다. 그들은 돈과 상관없이 진심으로 이 일을 즐기고 있는 겁니다. 슈퍼잼의 CEO 프레이저 도허티처럼 말입니다.

"경기 직전 2, 3초 동안 내가 어떤 플레이를 해야 할지 머릿속에 떠올리면 가슴이 뛴다. 그런 설렘이 사라지면 은퇴해야 한다." 축구선수 이동국 선수의 말입니다. 이동국 선수는 한국갤럽 조사 결과 2017년을 빛낸 스포츠 선수 9위에 올랐습니다.

1979년생, 불혹에 가까운 나이로 전북 현대모터스의 다섯 번째 시즌 우승을 이끌었기 때문입니다. 꾸준한 자기관리를 통해 지금도 국가대표급 존재감을 발휘하는 이동국 선수는 매 경기 전 이렇게 가슴이 뛴답니다. 이제는 이골이 날 만도 하지만 그라운드는 그에게 아직도 설레기만 한 놀이터인 셈입니다.

예전 제가 '다음Daum'에 다니던 시절이 딱 그랬습니다. 1999년, 코스닥 등록 전에 '다음'에 합류하여 제 나이 30대 초반의 젊음을 불태웠습니다. 그때는 일이 너무 재미있었습니다. 아침에 눈을 뜨면 오늘은 또 어떤 신나는 일이 생길까, 늘 가슴 설레며 출근했습니다. 누가 시키지 않아도 주말에도 회사에 나갔습니다. 실제로 그때는 대한민국 내로라하는 굴지의 대기업들로부터 각종 사업 제휴 및 공동 마케팅 제안이 쏟아져 들어왔습니다. 제안서 내용을 다 읽어내기가 힘들 정도의 분량이었습니다. 입사 당시 제 사원번호가 52번이었는데 불과 3년여만에 직원 수가 1,000명이 넘을 정도였으니 하루하루 회사가 성장하는 게 눈에 보였습니다. 그저 신났고, 그저 재미있었습니다. 새로운 세상을 열어가는 역사의 현장에 있다는 생각에 야근이나 주말 출근도 전혀 힘들지 않았습니다. 당시 제 팀장님은 "회사가 그렇게 재미있으면 회사에 돈 내고 다녀야지"라며 농담을 던지곤 했습니다. 놀이공원에 들어갈 때 입장료 내 듯이 말입니다.

예전에는 일과 놀이의 구분이 엄격했습니다. 일은 일답게 해야 하는 것이었습니다. 내일의 놀이를 위해 오늘은 일을 해야하는 시스템이었습니다. 그러니 오늘의 일이 결코 즐겁지 않았습니다. 하기 싫지만 억지로 해야 하는 의무가 되어버렸습니다. 예전에는 그렇게 해도 성과를 낼 수 있었습니다. 양이 중요한 산업화 사회였기 때문입니다. 하지만 지금은 다릅니다. 중요한 건 질이자 창의력입니다. 일을 놀이처럼, 놀이를 일처럼 해야 하는 건 그래서입니다. 일과 놀이의 구분 없이, 즐겨야 한다는 의미입니다. 예전과는 다른 생각, 역발상이 중요합니다.

그럼에도 아직 많은 기업들의 업무 현장은 군대를 방불케 합니다. 월요일 아침 7시 간부 회의는 기본입니다. 말이 회의이지 아무도 얘기하지 않습니다. 발언권을 쥔 사람은 오직 한 사람, 사장님입니다. 한 시간 가까이 업무 지시인지 잔소리인지 모를 이야기를 한 트럭 쏟아냅니다. 끝나가나 했던 사장님 얘기는 도돌이표를 만났는지 어느새 다시 첫 번째 얘기로 돌아갑니다. 소도 아닌데 사장님의 잔소리를 어쩔 수 없이 되새김 질해야 하는 직원들의 모습이 안쓰럽습니다. 한 주일을 시작 하는 월요일 아침의 첫 회의는 늘 이런 식입니다. 대한민국 수 많은 기업들의 업무 회의 모습입니다.

산업화 사회에서는 '집념'이 중요했습니다. '하면 된다'라며 물 고 늘어지던 끈기와 인내 말입니다. 하지만 작금의 비즈니스 현장은 인내로만 돌아가지 않습니다. 열심히 하는 게 중요한 게 아니라 '잘' 하는 게 중요합니다. 그러려면 재미가 있어야 합니다. 누가 시켜서, 해야만 해서 하는 일이 재미있을 리 만무 합니다. '집념'이 아니라 '잡념'이 필요한 이유입니다.

세상만사에 호기심의 돋보기를 들이대야 합니다. 일단 한번 해보는 겁니다. 재미가 있다면 파고드는 겁니다. 아니, 파고들 게 됩니다. 재미로 인해 생겨나는 자발적 몰입입니다. 그렇다 면 한번 생각해볼 일입니다. 4차 산업혁명이라는 기하급수적 환경 변화 속에서 창의성을 목 놓아 부르짖는 작금의 수많은 기업들은 과연 변화·혁신의 그림을 어떻게 그리고 있는지 말 입니다. 변화와 혁신, 물론 중요합니다. 하지만 제대로 변화하 고 제대로 혁신하려면 놀이와 도전의 문화부터 만들어야 합니

열심히 하는 게
중요한 게 아니라
'잘' 하는 게 중요하다.

그러려면 재미가 있어야 한다.
누가 시켜서,
해야만 해서 하는 일이
재미있을 리 만무하다.

다. "늘 똑바르게 선을 그리라고 교육을 받아서 그런지 삐뚤삐뚤한 자연스러운 선이 잘 안 그려져요." 미술을 전공했다는 어느 학원 선생님이 털어놓은 하소연입니다. 기업의 리더들은 알아야 합니다. 변화·혁신은 창의성 넘쳐나는 '전문가들의 놀이터'에서 시작된다는 걸 말입니다.

그러고 보니 세계적인 물리학자 리처드 파인만도 비슷한 얘기를 한 적이 있습니다. 파인만 교수는 1965년에 노벨물리학상을 수상한 미국의 물리학자로 아인슈타인과 함께 20세기 최고의 물리학자로 꼽힙니다. 특히 그는 과학의 대중화를 위해 노력했는데, 생전에 이런 말을 남겼습니다. "내가 하려는 일이 물리학의 발전에 얼마나 기여하는가는 중요치 않다. 문제는 그 일이 얼마나 즐겁고 재미있느냐다." 세계가 주목하는 물리학자가 전하는 재미의 중요성입니다. 파인만 박사의 말마따나 일단 내가 재미있어야 합니다. 내가 즐거워야 합니다. 그렇게 즐기다 보면 성과는 따라옵니다. 하기 싫은 일을 억지로 하는 것만큼 힘들고 어려운 일이 없습니다. 우리 일과 삶에서 재미의 중요성을 다시금 곱씹으며 스스로에게 물어봅시다. 지금 하고 있는 일, 재미있는지 말입니다.

재미가 혁신의 마중물이다

모 대기업이 반바지를 입고 출근해도 된다며 조직문화 개선 실험에 나섰습니다. 이와 관련해 모 언론사의 인터뷰 요청에 응한 적이 있습니다. 영화 〈곡성〉의 명대사가 생각났습니다. "뭣이 중헌디~" 그깟 제도가 중요한 게 아니라 얘기했습니다. 창의 문화라서 반바지를 입는 게 자연스러운 거지, 반바지를 입는다고 창의 문화가 만들어지는 게 아니라고 이야기해주었 습니다. 돌아보세요. 휴가 제도가 없어서 휴가를 못 가는 게 아 닙니다. 정당하게 주어진 휴가를 가려 해도 그걸 못마땅하게 여기는 잘못된 문화가 서로의 발목을 잡는 겁니다. 문화적 숙 성 없이 설익은 규정부터 만들어놓으니 대뜸 '반바지 열사'라 는 신조어가 생겨납니다. 누가 감히 가장 먼저 반바지를 입고 출근할 것이냐는 의미가 담긴 말입니다.

매사가 이런 식이니 제대로 된 개혁이 가능할 수 없습니다. 아 이가 궁금해하는 질문에 쓸데없는 소리 말고 공부나 열심히 하라고 해놓고 막상 창의력이 중요하다니 창의력학원에 보내 는 꼴입니다. 창의력은 그렇게 키워지지 않습니다. 아이의 호기심에 불을 지펴주어야 합니다. 조직문화 혁신도 마찬가지입니다. '사회 구성원에 의해 습득, 공유, 전달되는 행동양식. 또는 생활양식의 과정 및 그 과정에서 이룩해낸 물질적, 정신적 소산을 통틀어 이르는 말.' 사전에 나와 있는 '문화'의 정의입니다. 하나의 문화가 단시간에 만들어질 수 없는 이유가 이 설명에 녹아 있습니다. 규정은 금세 바꿀 수 있지만 문화는 다릅니다.

그래서 조직문화 혁신의 관건은 리더십입니다. 리더가 먼저 바뀌어야 팔로어가 보고 배웁니다. 그 과정의 반복과 순환 속에서 문화가 서서히 뿌리를 내립니다. 반바지가 중요한 게 아닙니다. 핵심은 재미를 바탕으로 한 창의와 개성, 자율과 책임의 조직문화입니다. 반바지는 창의 문화의 필요조건은 될지언정 충분조건일 수 없습니다.

직원들이 웃어야 회사도 웃을 수 있습니다. 업무 환경이 좋고 직원 만족도가 높다면 기업 성과는 따라 오르게 마련입니다. 일하기 좋은 기업으로 꼽히는 회사들을 보면 이런 공식에 딱 들어맞습니다. 개인도 마찬가지입니다. 잘 놀아야 합니다. 영화도 보고, 음악도 듣고, 그림도 그리며 재미있게 놀아야 합니다. 친구들도 만나고, 산에도 오르고, 수영도 하며 즐겁게 놀아야 합니다. 단언컨대 무얼 하든 재밌어야 합니다. 재밌어야 잘되고, 재밌어야 잘할 수 있습니다.

제가 다음에 있다 다음다이렉트라는 보험회사로 자리를 옮겼을 때가 생각납니다. 다음이라는 벤처 특유의 젊은 문화가 많이 가미된 신설 법인임에도 다음다이렉트는 금융권 특유의 수직적 문화가 있어 적응하기가 힘들었습니다. 우선 직급별로 책상의 크기와 의자의 규격이 달랐습니다. 직급이 올라갈수록 책상의 크기가 더 커지는 겁니다. 본부장 이상은 보조 책상에다 옷장, 간단한 회의가 가능한 별도의 테이블까지 주어집니다. 의자도 그렇습니다. 예컨대 사원급에는 일반 의자가, 팀장급 이상에게는 팔걸이가 있는 의자가, 본부장급 이상에게는 목 받침대까지 부착된 의자가 주어지는 식입니다. 자리 배치도 마찬가지입니다. 인터넷 기업을 다닐 때에는 직급 구분 없이 함께 어울려 앉는 구조였다면 보험사의 문화는 또 달랐습니다. 팀장 자리가 창가로 먼저 배치되고 나면 그 앞쪽으로 팀원들의 자리가 서열대로 배치되는 식입니다. 아마 다른 보험회사들은 훨씬 더했을 겁니다.

물론 업종마다 특유의 문화와 관행이란 게 있습니다. 하지만 생각해볼 일입니다. 이게 최선인지 말입니다. 위아래 따지며 서열을 중시하는 유교적 문화가 창의성을 말살시킨다는 심리학적 연구 결과도 다수입니다. LG전자 프랑스법인장을 지낸 에리크 쉬르데주는 한국 기업의 문화에 대해 '목적 달성을 위한 에너지는 대단하지만 위계적이고 군사적'이라 진단합니다. 이런 기업문화로는 4차 산업혁명으로 표현되는 지금의 혁명적 변화를 슬기롭게 헤쳐 나가기 힘들 수밖에 없습니다.

그나마 다행인 것은, 요즘은 우리나라 많은 기업들도 변하고 있다는 겁니다. 특히 벤처, 스타트업이라고 불리는 회사들을 들여다보면 '놀랄 노' 자입니다. 직급 없이 서로 닉네임으로 부르는 게 일상화되고 있습니다. 임원실을 없애고 전 직원의 수평적 소통을 강조합니다. 복장도 자유롭습니다. 더운 여름에 반바지 입고 출근하는 건 예사입니다. 출퇴근도 알아서 합니다. 꼭 9시에 출근하고 6시에 퇴근해야 하는 게 아닙니다. 필요하면 11시에도 출근하고, 효율만 보장된다면 주 4일 근무를 하기도 합니다. 심지어는 인사팀도 없고 정년이 없는 회사도 있습니다. 無승진심사, 無정년으로 교과서에 없는 나만의 경영 방식을 만들어갑니다.

이처럼 자유와 자율이 넘치니 조직에 생기가 돕니다. 죽은 조직이 아니라 팔팔 살아 움직이는 조직입니다. 다들 정장 입고 출근해서 열심히 일하고, 인사평가를 통해 승진하고, 그렇게 월급 받아 사는 게 직장 생활인 줄 알았습니다. 하지만 직장 생활의 형태나 모습 역시 법률로 규정되어 있는 게 아닙니다. 이렇게 하면 직장 생활이고, 저렇게 하면 직장 생활이 아닌 게 아니라는 이야기입니다. 우리의 직장문화는 우리가 정하면 되는 겁니다. 반드시 하반신을 담가야만 반신욕이 아닌 것처럼 말입니다.

노자와 × 캐주얼

셋

되고 싶은 사람이 되어라

아등바등 돈을 모아 40평 아파트를 장만한 30대 맞벌이 부부가 있다. 나름 전문가로서 직장에서 인정을 받으며 지금껏 앞만 보고 달려온 결과다. 어느 날, 출근했던 남편이 집에 중요한 서류 하나를 두고 온 것을 알고 집으로 돌아갔다. 문을 연 남편은 깜짝 놀랐다. 그가 나중에 여유가 좀 있을 때 편안하게 쉬려던 흔들의자에 앉아, 그가 나중에 여유가 좀 있을 때 들으려던 감미로운 음악을 틀어놓고, 그가 나중에 여유가 좀 있을 때 한 잔 음미하려 했던 커피를, 파출부 아주머니가 마시고 있었던 것이다. 설거지와 청소를 다 끝내놓은 파출부 아주머니의 여유였다. 순간 남편은 머리가 띵했다. 과연 내가 누굴 위해, 무엇을 위해, 이렇게 돈을 벌고 있나 하는 생각이 들었던 거다. 정작 주인인 나는 즐기지 못하고 있는 그 여유를 파출부 아주머니는 만끽하고 있었던 거다. 그럼에도 그 남편은 지금의 달리기를 멈출 수가 없다. 40평 아파트를 마련했으니 이젠 그에 걸맞은 대형 자동차를 사야 하기 때문이다. 또 50평 아파트를 장만하기 위해 달려야 하기 때문이다.

말을 타고 사냥을 하는 것은 사람의 마음을 미치게 한다는 말이 있다. '치빙전렵 영인심발광馳騁畋獵 令人心發狂'이라 해서 《도덕경》 12장에 나오는 말이다. 사냥은 내가 가고 싶은 곳을 마음대로 갈 수 있는 게임이 아니다. 정해진 사냥물을 목표로 가기 싫은 곳도 억지로 가야 하는 게임이다. 내가 잡고 싶은 건 따로 있지만 규정에 정해진 것을 잡아야만 인정받을 수 있다. 잡기 싫어도 할 수 없다. 개인의 취향은 인정되지도, 허용되지도 않는다. 이렇듯 모든 것들이 구조화된, 어쩔 수 없이 따라야만 하는 규칙으로 이루어진 사냥이 재미있을 리 만무하다. 그러니 사람을 미치게 하는 거다. 우리 사는 세상이 이처럼 견고하게 개인을 압박하고 있다면 이는 더 큰 문제다.

"런던 올림픽에서 금메달을 따자 여러 사람이 또 묻습니다. '당신이 사격을 잘하는 가장 큰 이유는 무엇입니까?' 저는 망설이지 않고 대답합니다. 전 언제라도 그 질문에 똑같이 답할 수 있습니다. '제가 사격을 좋아하기 때문입니다'라고요." 2008 베이징 올림픽에 이어 2012 런던 올림픽에서도 금메달을 목에 걸었던 사격 대표 진종오 선수의 말이다. 진정 좋아하는 것을 찾아, 그걸 해야 하는 이유가 여기에 있다. 세상(혹은 주변 사람들)이 원하는 삶을 내가 살아주고 있는 건지, 아니면 내가 진정 원하는 삶을 살고 있는 건지 돌아볼 일이다. '나'가 있는 삶이어야 행복한 삶이다. '나'답게 산다는 건 그런 의미다.

관건은 '재미'다. 남의 재미가 아니라 '나의 재미'다. 내가 재밌어야 신이 난다. 그래서 아이들에게 건네는, "훌륭한 사람 돼!"라는 덕담은 폭력임을 알아야 한다. 진정한 덕담은 "네가 되고 싶은 사람 되어라"다. 세상의 기준에 내 몸과 마음을 억지로 맞추어 훌륭한 사람이 된다는 건 참 피곤하다. 보여주기 위한 삶이어서이다. 내가 만든 스스로의 기준이 중요하다. 그저 나답게, 즐겁고 재미있게 오늘을 살아야 한다. 우리가 살아내는 수많은 오늘들이 모여 우리의 삶이 된다. 내 삶은 곧 내가 살아가는 하루하루의 합이다. 그러니 오늘이 불행해서는 삶이 행복할 수 없다. 단지 돈 많이 벌자고 세상에 태어난 게 아니다. 왜 사는지 돌아볼 일이다. 중요한 건, 내가 내 삶의 진정한 주인이 될 때 생겨나는 재미가 행복 또한 빚어낸다는 사실이다.

그러고 보니 떠오르는 우화 하나. 바닷가에 누워 노닥거리는 원주민이 있다. 배고프면 일어나 물고기를 잡아먹고, 배부르면 노래 부르고 춤추며 인생을 즐긴다. 보다 못한 누군가가 얘기한다. "넌 왜 그렇게 게으르게 사니? 물고기 잡을 때 열심히 해서 몇 마리 더 잡아놓으면 좋잖아." "더 잡아서 뭐 해?" "물고기를 팔아서 돈을 많이 벌 수 있잖아." "돈 많이 벌어서 뭐 해?" "돈 많이 벌면 여유 있게 바다에 누워 세상을 즐길 수 있잖아." "난 지금 그러고 있는데."

오래전 원시시대, '저장'의 개념이 없었을 땐 인류는 모든 걸 나누고 공유했다. 하지만 어느샌가 생겨난 '잉여'와 '축적'의 개념이 우리를 욕심의 늪으로 밀어넣어 버렸다. 그 늪에서 헤어 나오지 못하고 허우적거리며 사는 우리에게 사자는 또 하나의 선생님이다. 배고플 때만 사냥을 한다는 그 사자 말이다. 앞서의 그 원주민은 사자처럼 자기 삶의 주인으로 살고 있었던 거다. 늘 타인의 시선에 맞추어 살다 보니 우리는 집 안에 있는 파랑새를 보지 못한 채 파랑새를 찾으러 먼 길을 떠난다. 모리스 마테를링크의 희곡 〈파랑새〉의 틸틸과 미틸 남매의 모습이 결국 우리의 모습이다.

선생님께서 세상에 공짜는 없다고 하셨다

그러나 공짜는 정말 많다

공기 마시는 것 공짜

말하는 것 공짜

꽃향기 맡는 것 공짜

하늘 보는 것 공짜

미소 짓는 것 공짜

꿈도 공짜

개미 보는 것 공짜

인터넷에 공개되어 많은 사람들에게 감동을 준 어느 초등학생의 시 〈공짜〉의 전문이다. 초등학생 아이도 아는 이 삶의 진실을 우리는 오늘도 못 보고 지나친다. 깨달아야 한다, 나의 파랑새는 멀리 있지 않음을. 즐겨야 한다, 내게 주어진 보석 같은 선물들을. 그게 곧 재미고, 그게 곧 행복이다!

행복은 정오^{正誤}의 개념도, 우열^{優劣}의 개념도 아니다. 행복의 기준은 '나'다. 내가 행복하면 행복한 거다. 불행의 시작은 남들과의 비교다. 남들 마음에 들자고 사는 인생이 아니다. 타인의 욕망이 아니라 스스로의 욕망에 집중해야 한다. 그러니 내 마음의 목소리에 귀 기울일 일이다. 일반명사가 아닌 고유명사로 사는 방법? 나답게 사는 거다. '캐주얼'이 그 열쇠다.

주인 되어 사는 삶이라야

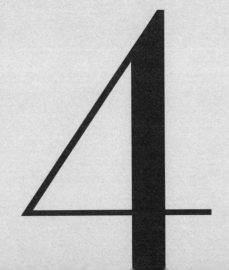

당신은 언제 행복한가요?

"행복이란, 함박눈이 흩날리는 명동 길을 걸어 벗들이 기다리는 찻집에 들어설 때 코끝을 간질이는 두향차 내음." 이화여대 최재천 교수가 대학 시절 썼다는, 행복에 대한 단문입니다. "저녁때 돌아갈 집이 있다는 것, 힘들 때 마음속으로 생각할 사람이 있다는 것, 외로울 때 혼자서 노래 부를 수 있다는 것." 이것은 나태주 시인이 정의하는 행복입니다. 이처럼 행복의 정의는 사람마다 다릅니다. 이 사람에게는 이런 게 행복이고, 저 사람에겐 저런 게 행복입니다. 그럼에도 우리는 행복을 똑같이 생각합니다. 돈 많으면 행복이라 생각합니다. 출세하면 행복이라 생각합니다. 하지만 그게 아니라는 명명백백한 증거들을 우리는 살면서 무던히도 많이 보았습니다. 그럼에도 나만의

189

행복을 정의할 줄 모릅니다. 여전히 많은 돈을 벌고 높은 지위를 차지하려 아등바등합니다.

세상을 정복한 마케도니아의 알렉산더 대왕이 문명을 반대하고 자연 순응을 실천한 철학자로 유명했던 디오게네스를 찾아왔습니다. "소원을 말하라. 무엇이든 들어주겠다." 알렉산더 대왕이 호기롭게 말했습니다. 디오게네스의 대답은 단순했습니다. "한 가지 있습니다. 당신이 내 햇빛을 가리고 있으니 비켜주시오." 가능한 한 작은 욕망을 가지고 스스로 만족하며, 자연을 지향해 살았던 디오게네스다운 대답이었습니다. "만일 내가 알렉산더가 아니라면, 나 역시 디오게네스가 되고 싶다." 디오게네스의 대답에 알렉산더 대왕이 이렇게 말했다고 하니 그 역시 예사 인물은 아님이 확실해 보입니다. 맞습니다. 디오게네스에게 행복은 지금 이 순간의 따스한 햇빛 한 조각이었던 겁니다.

햇빛 이야기를 하니 자연스레 정목스님이 떠오릅니다. 《달팽이가 느려도 늦지 않다》,《비울수록 가득하네》 등의 책을 쓰신 정목스님은 행복에 대해 이렇게 이야기합니다. "창으로 들어오는 햇살 한 줌에서도 행복을 찾을 수 있다." 인간의 행복이 물질적 환경과는 상관없다고 주장했던 2,500년 전 고대 그리스의 철학자 디오게네스의 대답과 겹치는 부분입니다.

예전 모 개그프로그램에서 봤던 코너 하나가 있습니다. 〈젊은이의 양지〉라는 코너인데요, 백수 형과 재벌 2세 친구를 둔 어느 취업준비생의 이야기입니다. 먼저 주인공과 백수 형의 대화입니다. 회사 면접에서 또 떨어졌으니 위로 좀 해달라는 주인공의 말에 백수 형은 "그게 무슨 문제냐며 회사 안 들어가면 되지" 하고 대꾸합니다. 그럼 돈은 어떻게 벌며, 집은 어떻게 마련하며, 어떻게 행복할 수 있냐며 투덜거리는 주인공에게 백수 형이 진한 경상도 사투리로 대답합니다. "행복이 뭔데? 대기업 들어가서 뭐 할 건데? 잘돼봐야 빌 게이츠다. 빌 게이츠가 친구랑 PC방을 가봤겠나? 자기 이름 넉 자를 한자로 쓸 줄을 아나? 물냉면과 비빔냉면을 구분할 수 있나? 버스, 지하철, 마을버스 환승을 해봤겠나? 인생의 낙이 없다. 난 그렇게 살라고 해도 못 살겠다." 돈 많이 벌어서 좋은 집 살면 좋지 않겠냐는 주인공의 말에 백수 형의 대답은 점입가경입니다. "좋은 집 살아봐야 펜트하우스다. 잠 좀 잘 만하면 햇빛 들어오지, 환기시키려고 창문 열어놓으면 새들이 지나다니지, 혼자 집 다 쓰니 외롭지, 외로우면 우울하지, 우울하면 병 오지, 병오면 죽지. 펜트하우스 살면 죽는다. 난 그렇게 살라 해도 못 살겠다." 그렇게 말하고 백수 형은 해맑은 표정으로 뷔페 약속이 있다며 무료 급식 배식소로 향합니다. 이어 재벌 2세 친구가 무대에 등장합니다. 취업이 안 되어 고민이라는 주인공의 말에 재벌 2세 친구가 건네는 한마디가 압권입니다. "넌 이 회사, 저 회사 면접 볼 수 있는 자유라도 있지, 난 선택의 여지도 없어. 왜? 아빠 회사 물려받아야 하니까." 그러면서 울상을 짓는 재벌 2세 친구. 당황하는 주인공의 표정 위로 마지막 멘트가 확인 사살처럼 쏟아집니다. "넌 왜 그렇게 니 생각만 해? 넌 뭐든지 될 수 있는 자유로운 백수지만, 난 기껏해야 미래가 정해진 불쌍한 재벌 2세라고."

취업난과 금수저를 빗댄 쓰디쓴 블랙유머입니다. 하지만 단지 유머라고 치부해버릴 수만은 없습니다. 이 안에 녹아 있는 인생의 통찰이 무척이나 크기 때문입니다. 행복은 정해진 수학 공식이 아닙니다. 내게 맞는 나의 행복을 찾아야 합니다. 단지 비싼 옷 입고, 비싼 차 타고, 넓은 집에 사는 게 행복이 아닌 겁니다. 우리 일상 속 작은 모든 것들이 행복일 수 있습니다. 더운 여름 날 불어오는 산들바람 한 조각도 행복이며, 힘들 때 친구와 함께 나누는 소주 한잔도 행복일 수 있습니다. 이른바 '소확행'입니다. 소확행은 '작지만 확실한 행복'을 뜻하는 단어로 무라카미 하루키의 수필집 《랑겔한스섬의 오후》에 등장하는 말입니다.

갓 빨아 말린 까슬까슬한 하얀 침대 시트 속으로 몸을 뉘일 때의 그 느낌, 잔뜩 밀려 있던 설거지를 끝냈을 때의 그 느낌, 몇 년 동안 묵은 낡은 책장 속 헌책들을 말끔히 정리하고 났을 때의 그 느낌, 이런 것들이 다 작지만 확실한 행복입니다. 또 있습니다. 햇살 좋은 날 좋아하는 음악을 들으며 강아지와 산책하는 것, 온종일 일에 시달리다 집에 돌아왔는데 사랑하고 고맙다는 손편지와 함께 주스 한 잔을 내미는 딸아이, 가족과 잘 지내고 건강하게 사는 것, 친구들과 함께하는 매 순간, 이 모든 게 행복입니다.

이처럼 행복은 누가 더 낫고 더 못하고, 누가 맞고 틀리고 하는, 우열과 정오가 없는 지극히 사적인 경험입니다. 그러니 나만의 성공에 대한 정의가 필요합니다. 그렇지 않으면 내가 아닌 남의 행복을 따라가는 일이 발생합니다. 잘못된 길입니다. 내 욕망이 아니라 아무리 채워도 결코 충족시킬 수 없는 타인의 욕망이기 때문입니다.

성공도 마찬가지입니다. 미국의 시인 랄프 왈도 에머슨은 자신의 시 〈진정한 성공〉에서 성공을 이렇게 이야기합니다.

날마다 많이 웃게나
지혜로운 사람에게 존경받고
해맑은 아이들에게 사랑을 받는 것
정직한 비평가들에게 인정을 받고
거짓된 친구들의 배신을 견디내는 것
아름다움을 분별할 줄 알고
다른 이의 장점을 발견하는 것
아이를 건강하게 키우든
한 뼘의 정원을 가꾸든
아니면 세상을 바꾸든
자신이 태어나기 전보다
조금이라도 더 나은 세상을 만들어놓고 가는 것
자네가 여기 살다 간 덕분에
단 한 사람의 삶이라도 행복할 수 있다면
그것이 바로 성공이라네

그래서 여쭤봅니다. 당신의 성공은, 그리고 당신의 행복은 무엇인가요? 그걸 찾아야 행복할 수 있습니다. 그렇지 않으면 행복은 요원합니다. 시작은 스스로에 대한 성찰입니다. 내가 어떤 사람인지 먼저 알아야 합니다. 내가 무엇을 좋아하고 무엇을 싫어하는지, 무엇을 할 때 배고픈지도 모르고 몰입할 수 있으며, 무엇을 죽기보다도 하기 싫어하는지 말입니다. 관건은 자기와의 대화입니다. 나와의 대화를 통해 나에 대해 더 잘 알아야 합니다.

놀랍게도, 우리는 스스로를 잘 모릅니다. 그러다 보니 나의 성공과 나의 행복을 정의하기가 어렵습니다. 자연스레 기준은 눈에 보이는, 측정 가능한 물질적 차원으로 내려옵니다. 예컨대 월수입은 얼마인지, 직급은 무엇인지, 아파트 평수는 얼마인지, 타고 다니는 차의 배기량은 얼마인지 같은 것들입니다. 성찰의 근육이 단단하지 못하다 보니 행복의 기준에 대해서도 이처럼 쉬이 타협하고 맙니다. 그렇게 우리는 오늘도 타인의 욕망을 욕망하며 '나' 없는 삶을 삽니다.

내가 어떤 사람인지
먼저 알아야 한다.
내가 무엇을 좋아하고
무엇을 싫어하는지,
무엇을 할 때 배고픈지도 모르고
몰입할 수 있으며,
무엇을 죽기보다도
하기 싫어하는지 말이다.

자기실종의 세상, '나'를 찾아라

"타인의 욕망을 욕망하다." 프랑스 철학자 자크 라캉의 표현입니다. 쉽게 설명하자면 이런 겁니다. 아기는 엄마의 얼굴을 보며 자랍니다. 엄마가 웃으면 아기도 좋습니다. 엄마가 박수 치면 아기도 좋습니다. 아기는 엄마를 보며 엄마에 반응하고, 엄마가 좋아하는 일을 자꾸 하게 됩니다. 엄마라는 타인을 통해 스스로의 사회적 자아를 확립해가는 겁니다. 그런 엄마의 역할은 아빠, 가족, 친구, 선생님, 선배 등으로 확장됩니다. 하지만 언제까지나 타인의 욕망에 반응하며 살 수는 없습니다. 스스로의 욕망과 타인의 욕망을 구분해야 내 삶의 주체로 우뚝 설 수 있습니다. 그런데 그 구분을 못 하는 사람이 늘어나고 있습니다. 돈 많이 벌고 출세하는 것이 진정한 나의 욕망인지, 아니면 나에게 투영된 내 주변 사람들의 욕망인지 면밀히 살펴보아야 합니다.

하지만 우리는 이 부분이 취약합니다. 전통적인 유교 문화권에서 자란 탓입니다. 공자철학의 핵심은 '극기복례克己復禮'입니다. 스스로를 극복하여 '예'로 돌아가자는 겁니다. 공자에게 예는 우리 인간의 보편적 본성인 '인□'과 '덕□'을 유지하고 확대하기 위한 최고의 실천적 개념입니다. 다시 말해, 예를 지킴으로써 인간으로서의 개별성을 극복하고 보편성을 확보하자는 게 공자 철학의 뼈대입니다. 그러다 보니 이 보편성이란 놈이 또 하나의 '기준'으로 작동합니다. 기준은 필연적으로 구분과 배제를 수반합니다. 기준이 곧 '선□'이고 '진리'이기 때문입니다. 유교 문화권에서는 이렇게 우리의 개별적 속성, 즉 개성과 색깔은 드러내서는 안 되는 것이 되어버린 겁니다.

근면과 성실이 중요했던 산업화시대에는 공자철학이 무척이나 유효했습니다. 속도와 효율이 중요했기에 그 대의적 성장과 발전을 위해서 개인의 희생이 당연시되던 시절이었습니다. 심지어 우리 한 사람 한 사람이 '민족중흥의 역사적 사명을 띠고 태어났다'고 배웠던 시절입니다. 그러나 지금은 아닙니다. 저마다의 개성이 창의력과 상상력으로 연결되는 세상입니다. 전체를 위해 개인을 희생시킨다는 게 말이 안 되는 세상입니다. 지금껏 아름다운 희생으로 그려졌던 수많은 사례들이 결국 전체의, 개인에 대한 폭력이자 억압이었음을 인식하기 시작한 겁니다.

2018 평창 동계올림픽 때 여자 아이스하키의 남북단일팀 논란이 그래서 일어났고, 스피드스케이팅 남자 매스스타트 결승에서의 페이스메이커 논란이 그래서 생겨났던 겁니다. '대의'를 위해 '개인'을 억누르는 것이 지금껏 당연시되어 온 우리 사회의 슬픈 자화상입니다. "이게 훌륭한 것인가? 국적이 같다고 해서 한 선수가 다른 선수의 밑받침을 하는 것이 스포츠맨십과 올림픽 헌장 정신에 맞느냐는 거다. 물론 이승훈 선수의 금메달 획득은 아주 좋은 일이지만 '서로에게 지지 않으려고 더 열심히 했다'고 인터뷰할 수 있는 상황이 올림픽 헌장에 더 맞는 일 아니겠나"라는 유시민 작가의 말에 전적으로 수긍하는 이유가 여기에 있습니다.

결과만 좋다고 다가 아닙니다. 과정 또한 아름다워야 합니다. 전체의 행복을 위해 개인의 희생을 요구하는 것은 또 다른 폭력입니다. 행복한 개개인이 모여 행복한 전체를 이룹니다. 그러니 스스로의 욕망에 충실해야 합니다. 개인의 욕망을 북돋아줘야 합니다. 정치적 이유 때문에 올림픽에 참가하지 못하는 선수들이 나와서는 안 되고, 선후배의 위계에 의해 경쟁을 포기해야 하는 상황이 나와서는 안 되는 겁니다. 우주에 낙오된 단 한 사람을 위해 국가가 총력을 다해 그를 구하려 노력하는 나라. 영화 〈마션〉을 보며 나라 이전에 개개인이 행복한 사회가 진짜 선진국임을 깨닫게 됩니다.

단언컨대, 개인의 욕망이 거세된 사회는 죽은 사회입니다. 내가 '나'로 살지 못해서입니다. 그런 나는 방관자로 전락합니다. 세상 어떤 일도 내 일이 아니며 내 일일 수 없기 때문입니다. 삼성증권 직원들이 이른바 '유령 주식'을 팔아 치운 이유도 여기에 있습니다. 2018년 봄에 있었던 사건입니다. 직원들이 보유한 우리사주의 배당 과정에서 주당 1,000원이 입금되어야 하는데 주당 1,000주씩이 입고된 겁니다. 누가 봐도 오류나 실수의 상황이 명확했음에도 몇몇 직원들이 앞다투어 그 주식들을 팔아 치웠습니다. 나중에 어떻게 되든 일단 팔고 보자는 심리였을 겁니다. 영혼 없이 회사를 다녔던 사람들입니다. 익명성이란 가면 뒤에 숨어 나를 드러내지 않고 혹은 나를 드러내지 못하고 전체 속에 묻어갔던 사람들입니다. 내 일과 내가 분리되어 생기는 비극이자 내 삶의 주인으로 살지 못해 생기는 비극입니다. '자기실종'의 시대입니다. 나부터 찾을 일입니다. 내 일과 내 삶의 주인은 나여야 합니다.

전체의 행복을 위해
개인의 희생을 요구하는 것은
또 다른 폭력이다.

행복한 개개인이 모여
행복한 전체를 이룬다.

있는 그대로의 나를 사랑하다

불행의 시작은 '비교'입니다. 남들과의 비교가 시작되는 순간 불행의 늪에서 헤어 나올 수가 없습니다. 세상에는 언제나 나보다 더 나은 누군가가 있게 마련입니다. 중요한 건 나의 기준입니다. 내가 만들어놓은 기준에 들면 되는 겁니다. 근사한 스포츠카를 타고 가는 사람은 헬기를 가진 부자를 부러워합니다. 그 스포츠카 주인을 부러워하는 사람은 평범한 자동차를 가진 사람입니다. 하지만 정말 낡은 자동차를 가진 사람이 또 그를 부러워합니다. 끝이 아닙니다. 그 낡은 차를 부러워하는 자전거 주인이 있고, 허름한 자전거라도 있으면 좋겠다며 길을 달려가는 사람도 있고, 그를 쳐다보며 휠체어에 앉은 누군가가 또 얘기합니다. "저렇게 마음대로 걸을 수 있다면 얼마나 좋을까?" 비교를 할라치면 이처럼 한도 끝도 없습니다. 그러니 우리는 가진 것에 감사해야 합니다. 이마저도 못 가진 사람이 부지기수입니다. 중요한 건 남이 아니라 나 스스로의 기준입니다.

지금껏 패션모델이란 직업은 키 크고 늘씬한 몸매를 가진 사람들의 전유물이었습니다. 땅딸막한 키에 살까지 쪘다면 꿈도 꿀 수 없는 직업입니다. 하물며 몸에 장애가 있는 사람이라면 더더욱 그렇습니다. 하지만 런웨이에서 이런 금기가 판판이 깨지고 있습니다. 에이미 멀린스가 그 예입니다. 그녀는 종아리뼈가 없는 기형으로 태어나 한 살 때 무릎 아래 부분을 절단했습니다. 하지만 그녀는 좌절하지 않았습니다. 1996년 애틀란타 패럴림픽 때 미국 육상 국가대표로 활약하기도 했던 그녀는, 이후 세계적인 패션쇼에서 모델로 데뷔했습니다. 지금은 배우로도 맹활약 중입니다. 오른팔의 절반이 없이 태어난 샤흘리 에이어스도 있습니다. 그녀의 꿈은 런웨이를 주름잡는 모델이었습니다. 하지만 어떤 에이전시에서도 한쪽 팔이 없는 그녀를 주목하지 않았습니다. 그녀는 혼자 포트폴리오를 만들어 소셜미디어를 통해 적극적으로 스스로를 알렸습니다. 그런 그녀의 노력은 꿈을 현실로 만들어 주었습니다. 미국 노드스트롬 백화점에서 정식으로 화보 촬영을 하게 된 겁니다. 한쪽 팔엔 의수를 찼지만 그녀는 수영복에 이르기까지 모든 의상을 소화해냈습니다. 런웨이가 더 이상 깡마르고 예쁜, 비장애인들만의 것이 아님을 온몸으로 증명해낸 사례들입니다.

'플러스 사이즈' 모델도 있습니다. 덩치가 크고 뚱뚱한 모델입니다. 하지만 이런 일차원적인 의미를 넘어 더 깊은 뜻이 있습니다. '사이즈와 상관없는 아름다움'이란 철학입니다. 무조건적인 살 빼기는 지양한다는 철학입니다. 세상의 편견에 도전한다는 철학입니다. 이런 철학을 가지고 세상의 런웨이를 누비는 모델 중 하나가 바로 애슐리 그레이엄입니다. 그녀는 175cm에 77kg의 몸으로 빅사이즈 의류업체의 모델 일을 하며 세계적 명성을 얻었습니다. 자신감 넘치는 포즈와 밝은 표정이 그녀의 트레이드마크입니다. 〈보그〉의 표지 모델로도 활약했던 그녀는 이제 디자이너, 작가로 행동반경을 넓히고 있습니다. 남들과의 비교를 통한 '나'가 아니라 그저 있는 그대로의 '나'로 세상에 당당하게 선 것입니다. '있는 그대로의 나를 사랑하라'는 메시지를 우리는 그녀에게서 읽을 수 있습니다.

"나보고 당당하다고 얘기하는데 그거 아니다. 나도 내가 무척 괜찮은 몸매라고 생각하지 않는다. 끊임없이 져도 사회가 갖고 있는 인식과, 나의 자존심과 싸우고 있는 거다." 직접 써 내려간 맛집 리스트로 새로운 전성기를 맞은 개그맨 이영자 씨의 말입니다. 그녀는 지난여름 올리브TV의 한 예능프로그램에서 멤버들과의 단합대회를 떠나, 입고 있던 티셔츠와 반바지를 거침없이 벗어던지고 수영복 차림으로 수영장에 뛰어들었습니다. 이에 대한 대중의 반응은 열광적이었습니다. 그녀가 보여준 그 과감한 용기와 도전에 보내는 박수였습니다. 하지만 마음 한구석이 불편합니다. 수영복 입은 모습이 뭐가 그리 대수기에 이렇게도 이슈가 되어야 하는 걸까요? 그 사소한 일상의 모습마저도 누군가에게는 큰 용기가 필요한 행동이라면 이는 우리 사회 전체가 반성해야 할 대목입니다. 물론 대중이 보여준 그 호의적 반응은 또 다른 희망의 씨앗이지만요.

몸의 장애나 형태가 패션모델이 되는 데 방해가 될 수 없듯이 나이도 마찬가지입니다. 1955년생이니 예순을 훌쩍 넘긴 그녀는 백발의 머리로 지금도 란제리나 수영복 모델로 활동합니다. 야스미나 로시 이야기입니다. 인생이 끝날 때까지 모델 일을 하겠다는 그녀는 자신의 모습에 오늘도 당당합니다. 이처럼 패션쇼 런웨이를 누비는 할아버지, 할머니 모델들이 최근 늘어나고 있습니다. 다시 말하지만 관객석이 아니라 런웨이입니다. 우리가 지금껏 알고 있던 패션모델의 나이가 확 올라간 겁니다. '멋진 할배'로 통하는 1959년생 닉 우스터도 그런 케이스입니다. 168cm의 단신임에도 세상의 관심을 한몸에 받는 패션피플입니다. 모델도 아니고 디자이너도 아니지만 연륜에서 뿜어져 나오는 카리스마는 독보적입니다. 육신의 노화에

왜 자꾸만 감추려고만 해
네 가면 속으로
내 실수로 생긴
흉터까지 다 내 별자린데

무척이나 냉정한 패션계임에도 그의 소셜미디어 계정은 수십만 팬들의 '좋아요'가 넘쳐납니다.

앞서 이야기했던 에이미 멀린스에서부터 닉 우스터에 이르기까지, 관통하는 얘기는 하나입니다. 다른 사람의 시선을 신경 쓰지 않는다는 것입니다. 누가 뭐라 하든 내가 하고 싶은 일에 열중하고 몰입한다는 것입니다. 그래서 그들의 삶은 열정으로 가득하고 약동하는 생명력이 넘쳐납니다. 내 삶의 오롯한 주인으로 꼿꼿이 섰기 때문입니다. 그 나물에 그 밥 같은 일반명사가 아니라 세상에 유일무이한 고유명사로 존재하기 때문입니다.

왜 자꾸만 감추려고만 해
내 가면 속으로
내 실수로 생긴
흉터까지 다 내 별자린데

온 세상 사람을 그들의 팬클럽 '아미'로 만들어버린 자랑스러운 아이돌, 방탄소년단의 노래 〈Answer: Love Myself〉의 한 대목이 가슴을 울립니다.

내 선택은 나의 것이어야 한다

뷔페에 갈 때마다 머릿속이 복잡합니다. 맛있는 음식들이 하나같이 나를 유혹하니 무엇부터 먹어야 할지 현기증이 날 지경입니다. 이건 이래서 먹고 싶고, 저건 저래서 먹고 싶습니다. 영양가 측면에서 고를 수도 있고 맛 차원에서 선택할 수도 있습니다. 아무튼 즐거운 고민입니다. 그런데 말입니다, 뷔페에서 누군가가 나를 위해 음식을 골라준다면 어떨까요? 유명한 영양학 박사님이 내 건강 상태를 고려하여 내가 먹을 음식을 나 대신 골라준다면요? 감사하고 즐거운 일일까요? 글쎄요, 내 건강이 아무리 좋아진다 해도 마냥 유쾌한 일은 아닐 겁니다. 결과를 떠나 과정도 중요합니다. 선택은 내 것이어야 합니다. 결과는 내가 책임지는 겁니다. 어차피 그 박사님이 내 건강을 평생 따라다니며 책임져줄 수도 없는 노릇입니다. 식단에 대한 한마디 조언으로 그분의 역할은 충분합니다.

많은 부모가 자신의 접시엔 자기가 직접 고른 음식들을 올려놓으면서도 자녀들의 접시는 가만히 두고 보질 못합니다. "너는 몸이 약하니 고기를 좀 더 많이 먹어야 돼." "너는 살을 좀 빼야 하니 채소를 많이 먹어." 자녀를 위하는 마음이야 나무랄 일이 아닙니다. 문제는 자녀의 선택을 빼앗아 버린다는 겁니다. 언제까지나 부모가 자녀를 챙겨줄 수는 없습니다. 그러니 직접 해보게 해야 합니다. 이것도 먹어보고 저것도 먹어보면서, 자신의 취향도 발견하고 스스로의 입맛도 찾아가는 겁니다.

이런 과정을 직접 겪어보지 못한 요즘 아이들이 쉽게 빠지는 게 '결정 장애'입니다. 다른 사람의 도움 없이는 아무것도 결정할 수가 없습니다. 인터넷 사이트들을 둘러보면 다른 사람의 추천을 원하는 글들이 부지기수입니다. 이를테면 이런 것들입니다. "시험 끝났는데 뭘 하면 좋을까요? 추천 좀 부탁드립니다." "마트에 갔더니 시중에 김이 엄청나게 많이 나와 있던데 어떤 브랜드 김이 제일 맛있나요? 추천 좀 부탁드려요." "지금 배고파서 그러는데 치킨 추천 부탁드려요. 빨리요." "집에서 너무나 무료한 시간을 보내고 있습니다. 아무거나 추천 좀 부탁드릴게요." 이게 다가 아닙니다. 객관식도 있습니다. "둘 중 어느 디자인이 더 낫나요? 파우치 무늬 좀 골라주세요." "카톡에 프로필 사진으로 쓰려고 하는데 어떤 사진이 더 좋을까요?" 하나같이 '나'가 없는 질문들입니다. 타인의 시선을 의식하거나 궁금해하는 내용들입니다. 즉, 혼자 무언가를 결정하기가 두려운 겁니다. 그런 결정을 해본 적도 없거니와 다른 사람의 시선이 계속 신경 쓰이는 겁니다. 남들이 이상하게 보지 않을까, 너무 튀어 보이지 않을까 하는 두려움이 이런 질문들을 세상에 쏟아내게 만듭니다. 나란 사람의 존재는 그렇게 조금씩 희미해져 갑니다.

"제가 추천해드릴 수 있는 책이 없네요." 하는 일이 공부하고 강의하고 글 쓰는 일이다 보니 상대적으로 책을 접하는 시간이 많은 편입니다. 그래서인지 제게 읽을 만한 책을 추천해달라는 말씀들을 많이 하십니다. 하지만 그때마다 난감합니다. 같은 책도 5년 전에 읽었을 때와 어제 읽었을 때가 다릅니다. 상황이 다르고, 맥락이 다르고, 무엇보다도 그 책을 읽고 있는 스스로가 달라졌습니다. 그러니 어제는 괜찮았던 책이 오늘은 유치하게 느껴지기도 하고, 어제는 머리 아팠던 책이 오늘은 통찰 가득한 명저로 보이기도 합니다. 혼자서 같은 책을 읽어도 그럴진대 삶의 맥락을 전혀 모르는 누군가에게 제 기준으로 추천하는 책이 잘 맞을까 싶습니다. 나를 가장 잘 아는 사람은 나 자신입니다. '자기중심'이 필요합니다. 책도 내 안목과 내 기준으로 골라야 합니다. 그렇게 성공과 실패를 거듭하며 나의 취향과 수준을 확인해가는 겁니다. 딴 사람이 결코 대신

해줄 수 없는 일입니다.

세상은 부모님들이 생각하는 것보다 훨씬 더 크고 넓습니다. 내가 알고 있는 세상에 대한 지식과 경험으로 아이의 미래를 재단하는 건 금물입니다. 그만큼 내 아이를 불행하게 만들 수 있다는 걸, 아니 불행하게 만들고 있다는 걸 알아야 합니다. 물론 정답은 없습니다. 당연한 것 또한 없습니다. 성공과 행복에 우열과 정오가 없는 것처럼 취향이나 기호도 마찬가지입니다. 필요한 건 내 스스로의 결정과 내 스스로의 만족, 그뿐입니다. 그게 다입니다. "이 나이에 드럼을 친다고? 남들이 이상하게 보지 않을까?" 천만에요. 전혀 이상하게 보지 않습니다. 드럼을 치고 싶다면 그냥 치면 됩니다. "나이 먹고 이런 프라모델이나 만든다 그러면 주변에서 희한하게 볼 것 같은데…." 괜찮습니다. 내가 좋아하는 거라면 그냥 하면 됩니다. 내가 행복하면 됩니다. 그뿐입니다.

그런 면에서, 참 많이 듣게 되면서도 이해 못 할 말이 있습니다. "저희 사랑 예쁘게 지켜봐 주세요." 주로 연예인들이 사랑을 시작하며 팬들에게 전하는 메시지입니다. 그런데 이게 웬 말인가요? 그냥 예쁘게 사귀면 될 일이지, 그걸 왜 지켜봐 달

라고 하는 걸까요? 남들에게 그 사랑을 보여주고 싶은 심정일
까요? 그렇게 사람들의 구경거리가 되고 싶은 걸까요? 필요
없는 말입니다. 그냥 사랑하면 됩니다. 대중의 관심을 끊임없
이 갈구하는 게 연예인의 숙명이라면, 그 연예인이라는 직업
도 참 힘든 직업입니다. 내가 주인 되는, 있는 그대로의 삶이
아니라 팬들과 대중에게 '보여주기 위한' 삶을 살아야 하기 때
문입니다.

〈판사 관두고 철학자⋯ 인간 왜 존엄한지 궁금했다〉, 호기심을
자극한 신문기사 제목입니다. 그 어렵다는 사법고시를 스물한
살에 패스하고 사법연수원도 차석으로 졸업했답니다. 하지만
판사 임용 1년 만에 판사직을 내려놓고 철학을 공부하겠다며
미국 유학길에 오른 사람의 이야기였습니다. 서울대 철학과 김
현섭 교수님 이야기입니다. "철학이 너무 좋아서요." 남들이 그
렇게나 선망하는 법조인의 길을 그만둔 이유에 대한 그의 대답
입니다. "유학 가서는 정말, 매일 춤을 추고 노래를 했어요. 하
고 싶었던 공부를 훌륭한 선생님과 마음껏 할 수 있으니까. 이
보다 더 좋은 건 없을 거라고 생각했어요. 철학 중에서도 제가
공부하는 윤리학이 너무 좋아요. 나는 어떻게 살아야 하는가
질문을 던지는 학문이죠. 자기가 하고 싶은 게 뭔지 아는 건 쉬

운 게 아닌데, 그걸 찾은 게 저로선 행운이죠." 내가 하고 싶은
일을 하는 게 행복이라 힘주어 말하는 김현섭 교수의 이야기를
들으며 행복과 그 의미에 대해 다시금 생각해봅니다.

중요한 건 '자유의지'입니다. 내가 하고 싶은 것을 할 수 있는
자유, 그리고 내가 하기 싫은 일은 안 할 수 있는 자유 말입니
다. 내가 하고 싶은 일을 하지 못하고, 내가 하기 싫은 일을 억
지로 해야 할 때 인간은 불행해집니다. 반대의 경우라면 행복
은 절로 따라옵니다. 하지만 문제는 내가 하고 싶은 것이 무엇
인지, 내가 하기 싫은 것이 무엇인지 잘 모른다는 겁니다. 그러
니 어디로 가는지도 모르고 하루하루 부유합니다. 때 되면
출근했다가 때 되면 퇴근하는, 판에 박힌 일상 속에서 개인은
점점 소외되어 갑니다. 이거 하라 그러면 이거 하고 저거 하라
그러면 저거 하는, 주체성이 거세된 일터에서의 시간은 속절
없이 흘러만 갈 뿐입니다. 조금만 더 버티면 오늘도 퇴근이라
며 그저 버텨내는 겁니다. 내 삶에서 주인공으로서의 나는 온
데간데없고 나는 그저 꼭두각시입니다. 행복하려야 행복할 수
없는 상황입니다.

주체성이 거세된
일터에서의 시간은
속절없이 흘러만 갈 뿐이다.
조금만 더 버티면
오늘도 퇴근이라며
그저 버텨내는 것이다.

내 삶에서
주인공으로서의 나는
온데간데없고
나는 그저 꼭두각시다.

행복하려야
행복할 수 없는 상황이다.

보되 보지 못하고, 듣되 듣지 못하다

진일심춘불견춘 盡日尋春不見春
망혜답편농두운 芒鞋踏遍隴頭雲
귀래소념매화후 歸來笑拈梅花嗅
춘재지두이십분 春在枝頭已十分

작자 미상의 오도송을 하나 가지고 왔습니다. 오도송은 고승
高僧들이 불도佛道의 진리를 깨닫고 지은 시가詩歌를 가리킵니다.
뜻풀이는 다음과 같습니다.

하루가 다하도록 봄을 찾아 헤맸건만 봄은 보지 못하고
짚신이 닳도록 산 위의 구름만 밟고 다녔네
지쳐 돌아와 뜰 안에서 웃고 있는 매화 향기 맡으니
봄은 여기 매화가지 위에 이미 무르익어 있는 것을

그렇게 힘들게 찾아 헤매던 봄은 이미 우리 집 마당에 있었습
니다. 그럼에도 여기저기 발품 팔며 봄을 찾아다닌 겁니다. '시
이불견 청이불문視而不見 聽而不聞'이라 했습니다. 보되 보지 못하

215

고, 듣되 듣지 못한다는 말입니다. 이처럼 참으로 어리석은 게 우리 인간입니다. 정신 바짝 차려야 합니다. 두 눈 크게 떠야 할 일입니다. 봄은 이미 내 앞에 있습니다. 행복도 마찬가지고, 깨달음도 마찬가지입니다.

서커스 공연을 보면 눈이 휙휙 돌아갑니다. 현기증이 날 정도로 어지럽습니다. 그래서 공연을 하는 사람들에게 가장 중요한 게 '자기중심'입니다. 자기중심은 우리에게도 필요합니다. 우리가 살고 있는 인생이라는 무대 역시 천변만화하기에 정신을 차릴 수 없을 정도입니다. 탄탄하게 중심을 잡지 않으면 여기저기 휩쓸려 다닐 수밖에 없습니다. 참을 수 없는 존재의 가벼움만 확인하게 되는 겁니다.

그래서 제가 아는 준호 씨를 보면 안쓰럽습니다. 그는 참 부지런합니다. 새벽마다 진행되는 독서 모임에 참석은 기본입니다. 지금껏 사서 읽은 책도 어마어마합니다. 여기저기서 벌어지는 수많은 강의도 수소문해서 찾아다닙니다. 소셜미디어 타임라인 속 그는 누가 보더라도 입이 떡 벌어질 법한, 자기계발에 관한 한 엄청난 열정의 소유자입니다. 하지만 뭔가 이상합니다. 그런 노력을 통해 그의 삶이 나아지는 듯한 느낌은 별로 없습니다. 그는 늘 자기혁신을 실천하고 다니지만, 알고 보면 그는 그저 불안할 뿐입니다. 자기계발 책을 읽고 동기부여 강의를 들어야만 마음이 편합니다. 안 그러면 혼자만 뒤처지는 것 같은 불안감에 잠을 이룰 수가 없습니다. 안타깝지만 이건 '자기 계발 중독'입니다.

'술이나 마약 따위를 계속적으로 지나치게 복용하여 그것이 없이는 생활이나 활동을 하지 못하는 상태.' '중독'의 사전적 의미입니다. 자기계발도 마찬가지입니다. 처음 시작은 좋습니다. 하지만 자기계발의 과정에서 어느덧 '나'는 사라집니다. 자기계발 '주체'로서의 나는 없어지고 '객체'로서의 나만 남는 겁니다. 자기계발을 왜 해야 하는지, 무얼 위해 하는 건지 그 이유는 사라지고 그저 스스로를 채찍질하기 바쁩니다. 날을 벼릴 생각은 않고 죽어라 도끼질만 하는 꼴이니 결과는 뻔합니다. 먹어도 먹어도 배가 고픈 아귀처럼, 오늘도 준호 씨는 자기계발의 학습 현장을 좀비처럼 찾아다닙니다. 자기중심의 부재에서 생겨나는 중독의 폐해입니다.

세상을 어떤 특정한 개념과 가치에 사로잡혀서 보게 되면 사고의 유연성은 떨어지게 마련입니다. 아무런 편견 없이 있는 그대로 바라보아야 모든 걸 포용할 수 있습니다. 자기혁신도 그렇습니다. 강박적으로 뭔가를 바꾸는 게 혁신이 아닙니다. 세상의 변화를 주체적으로 품어 안아 물 흐르듯 조화를 만들어가는 겁니다. 가만있으면 안 될 것 같아서, 뭐라도 해야 할 것 같아서 쫓기듯 행하는 혁신이 성공하기 힘든 건 그래서입니다. 단지 많은 책을 읽고 다양한 강의를 듣는다고 성장하는 게 아닙니다. '기계적 수용'이 아니라 '비판적 되새김질'이 필요한 대목입니다. 안 그러면 자기혁신의 물결에 이리저리 휩쓸려 다니는 불쌍한 낙엽 신세가 될 뿐입니다.

"그만 배워라. 배우는 목적이 뭔가. 결국 자신을 표현하기 위한 것이다. 그런데 배우는 데만 집중하면 거기에 빠져 자기를 표현할 수 있는 능력이 거세돼 버린다. 평생 남의 생각을 읽고, 남의 똥 치우다 가는 거다. 책 속에 길이 있다는 말은 거짓이다. 책 속에는 책을 쓴 사람의 길이 있을 뿐, 나의 길은 없다. 나의 길은 나에게만 있다." '활동적 타성'에 젖어 오늘도 '자기계발'과 '혁신'이라는 영혼 없는 구호만 외치고 있는 수많은 사람들이 곱씹어 봐야 할 건명원 최진석 원장님의 일갈입니다.

배우는 데만 집중하면
거기에 빠져
자기를 표현할 수 있는 능력이
거세돼 버린다.

평생 남의 생각을 읽고,
남의 똥 치우다 가는 거다.

꼰대가 빚어내는 청춘의 퇴사

달라진 세상을 실감하게 되는 현상 중 하나가 젊은 직장인의 퇴사 열풍입니다. 그렇지 않아도 수많은 청춘들이 힘들어하는 요즘입니다. 연애, 결혼, 출산을 포기했다 하여 만들어진 '삼포 세대'라는 신조어가 우리 가슴을 아프게 합니다. 이 모든 게 어려운 취업과 관련하여 생겨난 일들입니다. 하지만 그 치열한 경쟁의 관문을 뚫고 대기업에 입사한 젊은 직장인들이 다시금 회사를 박차고 나오고 있습니다. 대졸 신입사원의 30%가 1년 안에 퇴사를 한다는 통계도 있습니다. 조건이 더 좋은 다른 회사로 이직하는 것도 아닙니다. 자신만의 꿈을 찾아 떠나는 겁니다. 이유는 간단합니다. 우리 팀장님처럼, 우리 본부장님처럼 살기 싫다는 겁니다. 팀장님과 본부장님의 삶이 어떻기에 이런 일이 벌어지는 걸까요? 직장 생활을 해보신 분들이라면 아실 겁니다.

"나는 50대 초반의 대기업 부장입니다. 80년대에 명문대를 졸업하고 입사하여 오늘 여기까지 왔습니다. 회사 생활은 단조롭기 짝이 없습니다. 까라면 까고, 막으라면 막고, 하라면 하고,

저녁에는 회식을 하며 지내는 일상입니다. 그렇게 이십 년 넘게 지내다 보니 몸은 축나고 가족들은 멀어졌습니다. 그럼에도 야근은 당연하고 휴가를 쓰는 것도 눈치가 보입니다. 얼마 안 있으면 인사평가 및 승진 시즌입니다. 경기도 안 좋은데 이번에도 임원 승진을 못 하면 구조조정 대상에 오를 가능성이 큽니다. 회사를 위해 내 모든 걸 바쳤는데, 돌아보니 뭘 위해 이렇게 달렸는지 허무하기 짝이 없습니다. 모든 게 후회스럽고 가족들에게도 미안할 따름입니다."

어느 중년 직장인의 하소연입니다. 영업 혹은 내부 회식을 위한 억지 술자리, 왜 해야 하는지, 뭘 해야 하는지 이유와 목적을 알 수 없는 야근 행렬, 말도 안 되는 지시지만 까라면 까야하는 불합리한 조직문화, 승진을 위한 윗선 줄 대기 등 경쟁에서 살아남기 위한 비인간적인 삶의 모습들이 가득합니다. 이것이 젊은 직원들을 기함하게 만듭니다. 그리고 이유를 알 수 없는 일들에 지쳐가니 월급을 많이 받는다손 치더라도 행복할 리 만무합니다. 삶의 질이 떨어지는 겁니다. 젊은 직원들이 미련 없이 회사를 떠나는 이유입니다.

그렇게 '저녁이 있는 삶'을 찾아 떠나는 젊은 직원들을 기성세대는 이해하지 못합니다. 예전에는 다들 그렇게 살았기 때문입니다. 어떻게 하고 싶은 일만 하고 사냐며 개인적 희생을 감내하던 시절의 이야기를 합니다. 하지만 지금은 달라졌습니다. 호랑이 담배 피우던 시절의 프레임으로 그들을 바라보니 납득이 안 가는 겁니다. 월급이 줄더라도 개인적인 시간을 충분히 갖고 싶다고 말하는 젊은 세대들에 대한 심층적인 이해가 필요한 대목입니다.

관련하여 꼰대의 6하원칙을 알려드리겠습니다. 먼저 Who입니다. '누구'에 해당하는 이 부분은 '내가 누군지 알아?'입니다. What은 '네가 뭘 안다고?'로 번역됩니다. Where은 '어디서 감히', When은 '내가 왕년에', How는 '네가 어떻게 나한테?', Why는 '내가 그걸 왜?'입니다. 한동안 소셜미디어를 달구었던 유머 중 하나입니다만 마냥 웃어넘길 수만은 없는 내용입니다. 실제로 수많은 직장에 이런 꼰대들이 득시글대고 있기 때문입니다. 젊은 직장인들로 하여금 사표를 내게 만드는 장본인들입니다. 물론 꼰대는 나이 든 상사에게만 찍는 낙인이 아닙니다. 나이는 숫자에 불과하듯 꼰대 역시 나이와 상관없는 개념입니다. '청바지 입은 꼰대', '젊은 꼰대'라는 표현이 나오는 배경입니다.

사표를 던진 젊은 직장인들의 행로는 다양합니다. 대기업 명함을 기꺼이 버리고 창업을 하는 경우도 있습니다. 단지 돈을 많이 벌기 위한 창업이 아닙니다. 꽃집이나 식당 등 평소 본인이 하고 싶었던, 혹은 좋아했던 일로 시작하는 '작은 창업'입니다. 젊은 감성과 스펙으로 무장한 이들답게 아이디어도 기발합니다. 바다를 좋아했던 어떤 이는 제주로 내려가 스킨스쿠버 강사로서의 삶을 새롭게 시작하기도 합니다. 직장 생활 동안 쌓였던 스트레스를 풀고자 여행을 떠나는 경우도 많습니다. 유명 관광지를 찾아가는 여행이 아니라 스스로를 찾아가는 여행입니다.

그들의 생각은 명확합니다. 나답게 살고 싶다는 것, 내 삶의 주체로 살고 싶다는 것, 돈은 필요만 만큼만 있으면 된다는 것, 이것이 이들의 생각입니다. 경제적 조건은 더 이상 그들의 발목을 잡지 못합니다. 일과 삶에 대한 시각이 달라지고 있습니다. 이 차이를 품어 안아야 합니다. 세상 변화 속 진실과의 접속은 그래야 가능합니다.

새로운 삶을 꿈꾼다면 선을 넘어야 한다

울타리는 보호막입니다. 그래서 울타리 안에 있으면 마음이 편안합니다. 그런데 그 편안한 울타리가 그저 좋기만 한 건 아닙니다. 나를 가두는 감옥이기도 해서입니다. 울타리가 갖고 있는 이중성입니다. 이런 이중성 때문에 많은 직장인들이 방황하고 갈등합니다. 울타리 안에 있으니 편하긴 한데, 이 울타리가 언제까지 나를 지켜줄지 불안합니다. 그렇다고 울타리 밖으로 나가자니 선뜻 용기가 나지 않습니다. 울타리 안의 안락함에 이미 길들여진 자신을 알기 때문입니다.

애니메이션 〈치킨 런Chicken Run〉이 오버랩됩니다. '런Run'은 '달리다'란 의미 외 '사육장'이라는 뜻도 있습니다. 다시 말해 〈치킨 런〉이란 제목은 '닭들의 질주'라는 뜻뿐 아니라 '겁쟁이들의 사육장'이라는 의미도 있습니다. 영화를 보면 그 의미가 한결 선명하게 다가옵니다. 배경은 커다란 양계장입니다. 수많은 닭들이 알을 낳으며 평화(?)롭게 살아가던 그곳에서 주인공 닭은 문득 '왜 이렇게 살아야 하지?' 하고 질문을 던집니다. 그리고 푸른 하늘을 보며 탈출을 꿈꿉니다. 하지만 탈출은 번번이 실패로 귀결됩니다. 현실의 높은 벽 때문입니다. 양계장 상황은 설상가상에 악화일로입니다. 아침에 알을 낳지 못하는 닭은 그날 저녁상에 요리가 되어 오르기 시작합니다. 그것도 모자라 주인은 아예 공장을 세워 치킨파이를 만들어 팔 생각을 합니다. 양계장 닭들에게는 절체절명의 위기입니다. 비상 회의가 열립니다. 주인공 닭이 탈출을 얘기합니다. "평생 알만 낳다 나중에 털 뽑혀서 먹히고, 그렇게 살다 죽고 싶어요?" 그럼에도 반응은 미적지근합니다. "우리 팔자인걸." 패배의식에 젖은 대답만 돌아옵니다. '학습된 무기력 Learned Helplessness'이지요.

"그게 문제예요. 양계장 울타리가 저 밖이 아니라 여러분 몸 안에 있어요, 머릿속에요. 더 좋은 세상이 분명히 있어요. 저 언덕 너머 어딘가에는 드넓고 푸른, 살기 좋은 세상이 우릴 기다리고 있을 거예요. 난 믿어요. 아침마다 억지로 계란을 낳을 필요도 없고 주인도, 개도, 닭장도, 울타리도 전혀 없다니까요."

주인공이 이야기하는 비전입니다. 하지만 반박도 거세집니다. "내 평생 동안 그렇게 살기 좋은 곳이 있다는 얘긴 들어본 적이 없어. 괜히 바람 불어넣지 마. 우리가 달아날 가능성은 백만분의 1이야." 절망한 주인공이 가라앉은 목소리로 얘기합니다.

"그래도 가능성이 있긴 있네요." 한마디를 남기고는 돌아서서 터덜터덜 나갑니다.

영화 속 이 짧은 장면은 꿈, 비전, 도전, 열정, 혁명이라는 한 축과 자포자기, 안주, 타협이라는 또 다른 축이 불꽃을 튀기며 첨예하게 부딪히는 현장입니다. 〈치킨 런〉은 '삶의 혁명'에 대한 은유입니다. 결국 닭들은 겁쟁이들의 울타리를 벗어나 늠름하게 하늘을 날아 스스로가 그려놓은 한계를 뛰어넘습니다. 요컨대 상자를 깨고 나와야 합니다. 상자는 관습이자 관례입니다. 상자 안의 삶은 편했습니다. 모든 게 정해져 있고 시키는 것만 잘하면 되었기 때문입니다. 하지만 '상식常識'으로 통하던 상자의 메커니즘이 더 이상 작동하지 않습니다. 지금의 상자는 '구습舊習'이고 '병폐病弊'입니다. 모든 게 달라진 작금의 현실에서 상자는 내 발을 잡는 족쇄이자, 나 스스로를 묶어두는 포박일 뿐입니다. 세상은 넓고도 큽니다. 작디작은 상자에 갇혀살 이유가 없습니다. 더 큰 세상을 향해 나아가야 합니다. 내가 주인 되는 그런 세상, 그런 삶을 향해서 말입니다.

상자를 깨고 나온다는 의미가 추상적으로 느껴질 수 있을 듯하여 직관적으로, 또 물리적으로 설명해드리려 합니다. 미국 만화와 일본 만화를 비교해보면 다른 점이 눈에 확 들어옵니다. 미국 만화는 그림 하나하나가 사각의 프레임, 즉 상자 안에 갇혀 있습니다. 하지만 일본 만화는 다릅니다. 그림들이 상자를 깨고 나옵니다. 상자 자체가 없어지고 있습니다. 그러니 그림이 더 역동적이고 생생합니다. 한때 전 세계를 쥐락펴락했던 미국 만화가 왜 지금은 일본 만화에 밀리는지 확인할 수 있는 대목입니다. 우리 삶도 똑같습니다. 내가 살아 있어야 합니다. 그러려면 나를 옥죄고 있던 상자부터 깨부술 일입니다.

수많은 시청자를 울리고 웃겼던 웰메이드 드라마 〈응답하라 1988〉에도 이런 내레이션이 나옵니다.

> 새로운 관계를 꿈꾼다면, 사랑을 꿈꾼다면
> 선을 넘어야 한다.
> 선을 지키는 한, 그와 당신은 딱 거기까지일 수밖에 없다.

덕선의 친구인 선우가 덕선의 언니인 보라에게 사랑을 고백하는 대목에서 나오는 내레이션입니다. 이 표현을 조금 바꾸어 이렇게 말해도 무리가 없을 듯합니다.

내가 주인 되는 새로운 삶을 꿈꾼다면,
선을 넘어야 한다.
선을 지키는 한, 내 삶은 타인의 것일 수밖에 없다.

정해진 대로 살지 않아도 즐거운 매일

이젠 여행의 패턴도 많이 달라졌습니다. 예전엔 얼마나 많은
곳을 다녀왔는지가 중요했습니다. 파리도 가보고, 런던도 가보
고, 뮌헨도 가보고, 헬싱키도 가보고 하는 식입니다. 일정이 빡
빡할 수밖에 없습니다. 주어진 시간 동안 최대한 많은 곳을 찍
어야 하는 까닭입니다. 그렇게 여기저기를 누비며 사진을 찍
습니다. 남는 게 사진이라며 말입니다. 그런데 돌아오면 어디
를 다녔는지 도통 기억이 나질 않습니다. 사진을 봐도 그렇습
니다. 여행의 '주체'로서 다닌 여행이 아니어서입니다. 주어진
목표를 달성하기 위해 허겁지겁 다닌, '객체'로서의 여행이었
기 때문입니다.

지금은 아닙니다. 내가 좋아하는 곳을 찾아 더 깊숙이 들어갑

내가 주인 되는
새로운 삶을 꿈꾼다면
선을 넘어야 한다.

선을 지키는 한,
내 삶은
타인의 것일 수밖에 없다.

니다. 이를테면 '한 달에 한 도시'라는 콘셉트입니다. 수박 겉
핥기 식의, 관광 스폿만 찍고 다니는 여행이 아니라 그곳 사람
들의 내밀한 삶 속으로 훨씬 더 깊이 들어가는 겁니다. 그러면
서 사람을 배우고 세상을 만납니다. 그리고 인생을 배우고 나
를 찾습니다. 여행 기간도 점점 늘어납니다. 바삐 움직이며 '소
진하는' 일정이 아니라 느긋하게 비움으로써 오히려 '채워가
는' 일정입니다.

다니던 회사에 사표를 내고 '참된 나'를 찾아 결혼 대신 야반도
주. 그렇게 718일간 24개국을 돌고 온 매력 넘치는 두 동생이
있습니다. 사회 생활 5년차, 10년 지기 두 여자 친구가, 나이
서른에 다니던 회사에 각자 사표를 내고 무려 97개 도시를 여
행하고 온 겁니다. 직장 생활 때 함께 일했던 후배와 그 친구입
니다. 너무나 대견하고 너무나 자랑스러웠습니다. 저 역시 보
편적인 삶의 모습에서 살짝 떨어져 나와 새로운 삶을 살고 있
던 차였기에 그들의 용기에 물개박수를 쳐주고 싶었습니다.

지난 봄, 그들을 만나 시간 가는 줄 모르고 함께 이야기꽃을 피
웠습니다. 소진되어 가는 자신을 보다 못해 그저 나를 찾겠다
는 생각 하나로 훌쩍 떠난 그들의 여행에서 위선임(회사에서 언

은 직급을 붙여 만든 별명, 본명 위경은)과 김멋지(스스로 멋지다 생
각해 본인에게 하사한 별명, 본명 김연우)는 많은 걸 얻었다고 했
습니다. 이 둘과 무려 다섯 시간 넘게 떨었던 폭풍 수다. 회사
얘기, 사람 얘기, 행복 얘기, 미래 얘기, 가족 얘기, 결혼 얘기
등 무척이나 뜨겁고 때로는 서늘했던 그 얘기들. 햇살처럼 밝
은 얼굴 한구석에서 피어오르는, 세상이 정해놓은 기준으로부
터의 일탈에 대한 걱정과 부담감이 살짝 엿보였습니다.

"나도 처음엔 그랬어. 직장이라는 울타리 안에 있을 때는 바깥
이 전혀 안 보이더라. 밖을 쳐다볼 이유도 없었지. 그러다 병
이 나면서 시선을 밖으로 돌렸는데 이게 뭐야, 처음엔 아무것
도 안 보여. 그저 깜깜해. 그저 2년 휴직하는 동안 건강을 되찾
아 회사로 돌아가야지 하는 생각뿐이었지. 근데 막상 휴직을
하고 그렇게 회사 밖으로 발을 한 걸음 내디뎌 보니 칠흑처럼
까맣던 시야가 희뿌연 거야. '어라, 이것 봐라?' 하며 한 걸음
더 나아가니 이게 웬걸, 세상이 좀 더 잘 보여. 그때 문득 깨달
았지. '이걸 왜 잊고 살았을까?' 다가가면 더 잘 보인다는 사실
말이야. 멀리서는 안 보여도 가까이 가면 잘 보인다는 것 말
이야. 그때 결심한 거야, 회사 복귀가 아니라 울타리 밖으로의
도전을."

남 일 같지 않아 털어놓은 제 마음의 소리였습니다. 그렇게 한 걸음 한 걸음 가다 보면 생각지도 못한 새로운 길이 열릴 거라 말해주었습니다. 워낙 재능이 많은 친구들이었기에 제 나름의 확신도 있었습니다. 아니나다를까, 두 친구는 여행 관련 크리에이터가 되어 영상을 찍고, 강의를 하고, 글을 썼습니다. 단지 여행에 대한 콘텐츠만이 아니었습니다. 여행을 통해 알게 된 우리 삶의 이야기들을 그들 나름의 방식으로 풀어놓았습니다. 《서른, 결혼 대신 야반도주》란 책이 그렇게 세상에 나왔습니다. '정해진 대로 살지 않아도 충분히 즐거운 매일'이라는 부제도 맘에 확 와 닿았습니다. 나를 찾기 위해 떠났던 여행에서 그들은 웃음을 찾고 용기를 찾았습니다. 무엇보다도, 나를 찾았다는 게 중요합니다. 이제 두 친구는 두렵지 않습니다. 그들이 채워나갈 오늘이 즐겁고 행복하기 때문입니다. 위선임과 김멋지, 두 동생의 '행복한 일탈'에 지금 이 순간에도 뜨거운 응원과 격려, 부러움의 물개박수를 보냅니다. 아울러 저 스스로도 다시 돌아보게 됩니다.

또 다른 여행 이야기를 하나 해볼까요. 여행에 관심이 많은 터라 제 눈에 들어온 책이 《빼빼가족, 버스 몰고 세계여행》입니다. 한 가족이 직장과 학교를 그만두고 유라시아 대륙을 횡단

한 여행기입니다. 전시디자이너로 일하던 아빠는 일을 그만두었고, 고등학생 딸과 중학생 두 아들은 학교를 그만두었습니다. 전업주부이던 엄마도 살고 있던 아파트를 팔고 함께 길을 나섰습니다. 숙식이 가능하도록 개조한 미니버스 한 대를 몰고 말입니다. 대한민국의 포항 간절곶에서 포르투갈의 호카곶에 이르는 5만여km, 348일간의 대장정이었습니다. 그 과정에 역경이나 위기가 없었을 리 만무합니다. 그러나 가족이 함께 이겨내며 헤쳐 나갔습니다. 그 경험들이 가족으로서의 믿음을, 사랑을 더욱 끈끈하게 만들어주었습니다. 그렇게 어디에서도 배울 수 없는 소중한 깨달음을 얻은 그들은, 더 큰 세상을 보고 온 그들은 '자유'였고, 또 '자유'입니다.

"관광은 구경하는 것입니다. 그렇다면 시베리아 관광은 하지 마세요. 고생만 합니다. 하지만 다른 이들만 쳐다보고 살다가 자기를 볼 기회가 없으신 분들은 시베리아를 가세요. 자기 자신을 볼 기회가 될 겁니다. 한집에 살면서도 가족을 못 보신 분들은 가족과 함께 시베리아로 가십시오. 가족을 보게 됩니다."

귀담아들어야 할, 빼빼가족의 아빠 최동익 씨의 말입니다.

춤추고 싶을 땐 춤춰야 한다

지금 이 순간에도 수많은 사람들이 퇴사를 꿈꿉니다. 몇몇 간단한 안주들과 함께하는 조촐한 술자리에서 빠짐없이 나오는 레퍼토리가 바로 사직에 관한 이야기지요. "내가 회사를 관두든지 해야지, 더러워서 못해 먹겠어." 이처럼 언제나 가슴 한편에 품고 다니는 게 사직서입니다. 나를 지켜주는 은장도가 따로 없습니다. 하지만 그 회한의 밤이 지나고 새로운 해가 떠오르면 어제의 호기는 온데간데없이 사라져 버리고, 오늘도 바지런히 출근길에 나서는 스스로를 발견하게 됩니다. 메마른 입술 사이로 쓴웃음이 삐져나옵니다. 도대체 무엇이 내 발목을 잡는 걸까요? 바로 그놈의 월급입니다. 당장 직장을 때려치우려 해도 내 어깨에 달린 가족의 생계가 마음에 걸립니다. 아파트 사느라 대출받은 돈도 갚아야 하고 아이들 학원도 보내야 합니다. 슬쩍 아내에게 운을 띄워보면 말 같지도 않은 소리 말라는 지청구를 듣기 십상입니다. 그러니 이 월급이란 놈이 내 발목을 잡는 겁니다.

'월급이 마약'이란 웃지 못할 유머도 그래서 나왔습니다. 금방이라도 그만두고 싶은 회사지만 월급을 받고 나면 그 약기운으로 또 한 달을 버티는 겁니다. 그렇게 약기운이 떨어져 갈 무렵 회사는 통장에 월급을 넣어줍니다. 그 주기는 한 달 단위로 딱딱 맞추어 돌아옵니다. 쥐꼬리 월급이라지만 내칠 수 없는 삶의 동아줄입니다. 부인할 수도 없고, 부정할 수도 없는 불편한 진실입니다.

여기 휠체어에 앉은 한 할머니가 있습니다. 일어서서 걸을 힘도 없는 할머니입니다. 하지만 이 할머니는 너무나 춤을 추고 싶습니다. 예전이라면 언감생심입니다. 주책없다, 노망났다, 주변의 손가락질이 두려웠을 겁니다. 하지만 이제는 아닙니다. 내가 춤추고 싶으면 그냥 추는 겁니다. 남들에게 피해만 안 주면 되는 겁니다. 내가 만족하면 그뿐입니다. 남을 의식할 필요가 없습니다. 지금 당장 사표를 쓰라는 이야기가 아닙니다. 하지만 춤추고 싶을 때 춤춰야 합니다. 노래하고 싶을 때 노래해야 합니다. 어차피 한 번밖에 살 수 없는 인생입니다. 하루하루 죽어가고 있는 우리네 삶입니다. 무엇이 내가 나 자신으로 사는 걸 가로막고 있는 걸까요? 무엇이 당신 자신으로 살아가지 못하게 하나요? 스스로에게 깊이 물어야 할 질문입니다.

《미움 받을 용기》란 책이 엄청난 인기를 끌었습니다. 그동안 주목받지 못했던 알프레드 아들러의 이론을 다시금 세상 한가운데 꺼내 놓은 책입니다. 아들러는 지그문트 프로이트, 칼 구스타프 융과 함께 세계 3대 심리학자로 꼽힙니다. 그는 프로이트의 '트라우마' 개념을 부정하는데요, 인간의 삶이라는 게 과거의 경험에 그렇게 휘둘리지 않는다는 겁니다. '미래가 아니라 오늘을 살라'고 역설한 아들러는 타인의 인정을 얻기 위한 욕구를 내려놓으라고 말합니다. 세상에는 나를 좋아하는 사람도 있고 싫어하는 사람도 있습니다. 좋아하건 싫어하건, 그건 그 사람의 문제이지 나의 문제가 아닙니다. 어차피 세상 모든 사람의 마음에 들 수도 없는 노릇입니다. 그러니 용기를 가지라는 겁니다. 다름 아닌 '미움 받을 용기'입니다. 다시 말해 '자유'란 타인에게 미움을 받는 겁니다. 누군가에게 미움을 받는 것 자체가 자유롭게 살고 있다는 증거입니다. 그러니 미움 받는 것을 두려워할 이유가 없습니다. 남을 위한 삶을 살지 말고 스스로를 위한 삶을 살라는 게 아들러가 우리에게 던져주는 메시지입니다.

롱패딩 입는 사람 : 정상

안 입는 사람 : 정상

입는다고 뭐라 하는 사람 : 비정상
안 입는다고 뭐라 하는 사람 : 비정상

지난겨울 온라인상에서 화제가 된 문구입니다. 제가 봐도 구구절절 옳은 말입니다. 입고 싶은 사람은 입으면 되고, 입기 싫은 사람은 안 입으면 그만입니다. 남들 뭐라 할 이유가 없고, 남들 신경 쓸 필요도 없습니다. 각자 그저 나답게 살면 될 일입니다.

〈K팝 스타〉라는 오디션 프로그램에 불과 열두 살의 나이로 출전했던 이규원 양의 얘기도 이를 뒷받침합니다. 규원 양은 오디션에서 어떻게든 살아남아야겠다고 마음먹었답니다. 그래서 생각해낸 방법이 '착하게 살자'였답니다. 아무것도 모르는 천사처럼 순수하게, 착하게만 행동했습니다. 마음을 잘 드러내지도, 감정을 잘 표현하지도 않았습니다. 그랬더니 모든 사람의 요구와 모든 사람의 기분에 다 맞춰줘야만 할 것 같은 생각이 들더랍니다. 이처럼 타인의 시선 안에 나를 가두게 되면 노예와 다름없는 신세가 되고 만다고 규원 양은 이야기합니다. 다른 사람이 원하는 나의 모습이 아니라 내가 원하는 나의 모습을 찾아야 하는 건 그래서입니다. 아들러가 역설한 '미움 받을 용기'와 맥이 닿아 있는 대목입니다.

"행복해지려면 다른 사람을 지나치게 신경 쓰지 마라."
To be happy, we must not be too concerned of others.

《이방인》,《페스트》등으로 유명한 프랑스의 작가, 알베르 카뮈의 말입니다.

'캐주얼'로 경영하라

요즘 백화점이나 쇼핑몰을 가보면 재미있는 게 있습니다. 바로 의류매장들에서 볼 수 있는 마네킹입니다. 지금껏 마네킹은 세상에 없는 8등신의 체형에 비현실적인 아름다움이 특징이었습니다. 마네킹에 입혀진 옷이 맘에 들어 샀는데 집에 와서 입어보면 별로였던 원인이기도 합니다. 그런데 이런 마네킹에 변화가 생겼습니다. 우리 주변, 우리 동네에서 쉽게 볼 수 있는 그런 체형들로 바뀌기 시작한 겁니다. 남자 마네킹을 보면 배도 적당히 나왔습니다. 머리도 결코 주먹만 하지 않습니

행복해지려면
다른 사람을 지나치게
신경 쓰지 마라.

다. 내 머리랑 비교해보아도 크게 빠지지 않을 정도의 넉넉한 사이즈입니다. 파격입니다. 의류업체들도 그저 예쁘게만 보이게 하는 게 능사가 아니라는 걸 깨달은 겁니다. 남에게 보여주기 위한 천편일률적인, 생명 없는 아름다움이 아니라 내 삶 속에 살아 숨 쉬는 동질감으로 콘셉트를 조정한 겁니다.

이런 흐름은 1959년생 인형에도 영향을 미쳤습니다. 전 세계 어린이들의 로망이었던 바비인형 말입니다. 2016년 마텔사는 '인간적인' 바비인형을 선보입니다. 수십 년을 고수했던 '가슴39-허리18-엉덩이33'의 체형을 포기한 것이지요. 비현실적인 몸매로 미의 기준을 왜곡시킨다는 비판의 영향도 컸습니다. 그렇게 해서 새로 나온 바비의 모습은 키가 작아지고 몸매도 통통해졌습니다. 피부색은 일곱 가지로 늘었고, 눈동자색도 스물두 가지로 늘어났습니다. 비현실적인 미의 기준을 포기하고 일상적인 다양성을 확보함으로써 인간적 매력을 얻고자 한 겁니다. 다소 뚱뚱해 보이는 몸매에 여드름과 흉터까지 있는 인형들에게 크리스마스 선물 1위 자리를 뺏기는 굴욕까지 맛본 마텔사로서는 거부할 수 없는 선택이었을 겁니다. 그저 예뻐야 할 것 같은 인형에도 이렇듯 미움 받을 용기가 필요합니다.

2008년 하늘길을 가르기 시작했던 진에어의 유니폼은 당시로선 파격이었습니다. 청바지에 연두색 티셔츠, 거기에다 야구모자가 승무원의 복장이었습니다. 보수적이기 그지없던 항공업계에선 혁신적인 조치였습니다. 그래서인지 진에어의 이미지는 지금도 젊고 밝습니다. 미디어와 승객들의 호의적 반응도 이어졌습니다. 이런 흐름은 영역을 가리지 않습니다. 2016년 문을 연 롯데호텔의 비즈니스호텔 L7 역시 파격적인 유니폼을 선보였습니다. 호텔리어의 전유물이었던 칼주름이 잡힌 검은색 정장 대신 노란색 티셔츠에 청바지 유니폼을 내세웠습니다. 보다 편안하면서도 캐주얼한 환경을 제공하겠다는 의도를 시각화한 것입니다. 그리고 보니 언제부터인가 신뢰를 기반으로 하는 금융업 특성상 정장 위주였던 은행 유니폼도 세대가 바뀌면서 캐주얼로 변신했습니다.

정상으로 향하는 길은 오직 하나인 줄 알았던 기업들도 이젠 여러 개의 다양한 루트가 있음을 알게 되었습니다. 군이 일본의 미라이공업을 예로 들지 않더라도 '창의경영', '펀Fun 경영' 등 기존의 경영 상식을 뛰어넘는 파격적인 실험들이 진행되고 있습니다. 최근 많은 기업들이 '비즈니스 캐주얼'이란 명분으로 직원들의 목에서 넥타이를 벗겨주었습니다. 광고나 디자인

같은 업종에서만 볼 수 있던 청바지에 운동화 차림도 많은 직장인들의 새로운 근무 패션으로 자리 잡았습니다. 단순한 자유 복장을 떠나 캐주얼 자체가 문화인 기업도 있습니다. 벤처 기업과 스타트업처럼 그들만의 새로운 문법으로 세상을 경영하는 기업들입니다.

존재감을 드러내야만 팔릴 수 있는 세상입니다. 너도나도 나를 쳐다봐 달라 부르짖고 외치는 광고 홍수의 세상이기 때문입니다. 그러니 다들 더 크게 바락바락 악을 질러댑니다. 하지만 고객의 귀는 더욱 닫혀만 갑니다. 수많은 기업들의 수많은 광고 메시지가 공해와 다를 바 없기 때문입니다. 이런 상상을 한번 해봅니다. 수많은 까만색 정장 구두들 속에 끼어 있는 빨간색 운동화. 분명 절로 눈길이 갈 겁니다. 다들 목 놓아 소리치고 있는데 가만히 속삭이고 있습니다. 그러니 절로 눈길이 갑니다. 차별화는 이렇게 만드는 겁니다. 남들보다 더 나은 게 차별화가 아닙니다. 남들과 다른 게 차별화입니다. 다들 소리칠 때 오히려 속삭여야 합니다. 그렇게 보면 제가 말하는 '빨간색 운동화'는 새스 고딘이 이야기했던 '보랏빛 소'와 다를 바 없습니다.

차별화는 마케팅의 핵심 개념 중 하나입니다만 비단 기업들의 마케팅 이슈만은 아닙니다. 직업이 무엇이든 내 생각과 메시지, 철학과 가치관을 팔아야 하는, 스스로를 브랜드로 만들고 가꾸어야 살아남을 수 있는 현대인의 삶에서도 차별화는 필수입니다.

지금껏 우리는 정장을 입고 살았습니다. 산업화시대는 압축성장의 시대였습니다. 중요한 건 '효율'이었고, '정답' 외엔 의미가 없었습니다. 옷차림마저도 규정에 따라야 했습니다. 하지만 세상이 바뀌었습니다. 농업적 근면성의 유효기간이 끝나고 창의력과 상상력이 각광받는 시대입니다. 규범 중심의 '정장시대'가 저물고 개성 넘치는 '캐주얼 시대'가 온 것입니다.

'캐주얼'은 평상시 입는 편한 옷을 뜻합니다. '마인드'나 '사고방식'을 가리키기도 합니다. '격식에 얽매이지 않아 자유롭고 가볍다'라는 의미, 즉 '나'를 중심에 둔 '파격'입니다. 이런 캐주얼의 철학으로 지금껏 우리를 옥죄고 있던 상자를 깨고 나오니 거칠 게 없습니다. 정해진 틀을 벗어나니 오히려 길은 많습니다. 주어진 일을 주어진 방식대로 하는 게 아닙니다. 내 길을 내가 만들면서 갑니다. 이렇게 일과 삶의 주체성을 회복하니 하루하루가 재미있습니다. 재미가 있으니 성과는 덤이지요.

정해진 틀을 벗어나니
오히려 길은 많다.
주어진 일을 주어진 방식대로
하는 게 아니다.
내 길을 내가 만들면서 간다.

이렇게 일과 삶의 주체성을
회복하니 하루하루가 재미있다.
재미가 있으니 성과는 덤이다.

'치열해야 경영'이 아니라 '행복하니 경영'인 것입니다.

작금의 초경쟁 사회에서 캐주얼이란 화두는 개인에게나 기업에게나 창의·혁신이란 측면에서 시사하는 바가 큽니다. 남들 마음에 들자고 사는 삶이 아니듯 남들 보기에 좋으려고 하는 경영이 아닙니다. 하이힐이 지고 굽 낮은 스니커즈가 그 자리를 대체하고 있습니다. 이런 편한 신발 열풍도 캐주얼 사회의 한 단면입니다. 경영 화두로서의 캐주얼은 '파괴적 혁신 Disruptive Innovation'입니다. 기존의 통념과 관습에 문제를 제기하고 새로운 세상과의 조우를 위해 기준과 상식을 깨부수는 겁니다. 다시 말해, '나'를 '나'이게 하는 것입니다. 세상 사람 모두 저마다의 삶이 있듯 내 삶은 내 것이고 내가 그리는 겁니다. 무소의 뿔처럼 내 갈 길, 씩씩하게 가면 될 일입니다. 경영도 그렇습니다. 내가 재미있고 내가 행복해야 합니다. 성공해서 행복한 게 아니라 행복해서 성공하는 법입니다. 어디로 가는지, 왜 가는지도 모르고 정신없이 뛰던 걸음, 이제 잠시 멈추어 보세요. 비우고, 내려놓고, 나를 돌아보며 홀가분하게 걸어보세요. '속도' 중심의 '직선 경영'이 아니라 '캐주얼'을 화두로 한 여유 있는 '곡선 경영'이 아름답습니다. 내 일과 삶의 행복 경영, 그 열쇳말은 〈그래서 캐주얼〉입니다!

노자와 × 캐주얼

구름으로 달을 그리다

'유무상생 난이상성 장단상교 고하상경有無相生 難易相成 長短相較 高下相傾'《도덕경》2장에 나오는 문구다. 있음과 없음, 어려움과 쉬움, 길고 짧음, 높고 낮음, 이 모든 상대되는 개념들은 하나로서 설 수 없고 함께 있음에 그 의미가 있다는 말이다. 다시 말해 없음이 있으니 있음이 있고, 어려움이 있으니 쉬움이 있고, 짧음이 있으니 긺이 있고, 낮음이 있으니 높음이 있다는 것이다. 물론 그 역도 성립한다. 서로를 의지하고 서로에게 기대는 거다. 노자는 세상의 존재 방식과 작동 원리를, 변하지 않는 절대적 '본질'이 아니라 이런 상대적인 '관계'로 보았다. 그래서 노자는 유연하다. 닫지 말고 열라고, 채우지 말고 비우라고, 집착하지 말고 내려놓으라고 노자가 말하는 이유다.

이런 엶과 비움과 내려놓음의 원리를 몸소 보여주는 게 물이다. 물은 스스로를 고집하지 않는다. 그래서 동그란 그릇에 담으면 동그랗게 변하고, 네모난 그릇에 담으면 네모로 변한다. 또 물은 아무도 가지 않으려는 아래로 향한다. 흘러가다 장애물이 나타나면 싸우지 않는다. 슬쩍 옆으로 비켜 가던 길 계속 흘러간다. 그렇게 흘러흘러 바다까지 간다. 그래서 노자는 물을 최고의 가치로 칭송했다. '상선약수上善若水'의 의미다.

하지만 우리는 이를 자꾸 거스른다. 정해진 틀에 스스로를 가둔다. '경험의 감옥'이다. 예전부터 이렇게 했으니 지금도 이렇게 해야 한다는 생각이다. 그래서 아이들을 똑같은 교복 속에 가둔다. 인공지능의 시대를 살아내야 할 우리 아이들을 붕어빵 굽듯 획일적 기준으로 찍어낸다. 창의성 계발의 걸림

돌이다. 아이들로 하여금 '나다움'을 잊게 만드는, 기계적 도구 생산의 메커니즘이다. 통제와 감시 목적으로 세워진 교도소를 모태로 학교 건물을 몰개성적으로 디자인하는 것도 같은 이유로 반대한다. 수많은 공포 영화들의 단골 배경이 왜 학교인지 생각해볼 필요가 있다. 오죽하면 홍익대 유현준 교수는 학교를 졸업하는 학생들에게 꽃다발을 줄 게 아니라 두부를 먹여야 한다 일갈했을까. 이래서는 앞으로 나아갈 수가 없다. 세상의 변화를 품어 안을 수가 없다. 죽은 나무다. 죽은 나무는 어떤 바람에도 흔들리지 않는다. 유연해야 생명이다. 만고불변의 진리다.

선택 앞에서 우리는 늘 불안하다. 빨리 어느 한쪽에 몸을 담으려 한다. 함께하는 우리 편이 생겨서다. 나 혼자가 아니라는 생각에 마음이 놓여서다. 용기가 필요하다. 정박한 배는 가장 안정적인 상태지만 배의 목적은 '정박'이 아니라 '항해'다. 우리 삶도 그렇다. 안주하려 태어난 게 아니다. 내 삶의 목적을 향해 나아가야 한다. 도전이다. 노자는 만물이 끊임없이 살려고만 하면 결국 다 사라질 것이요, 임금이 끊임없이 귀한 대접만 원한다면 결국 그 자리를 잃을 것이라 갈파했다. 한쪽에 치우치지 말고 경계에 서라는 가르침이다. 앞서 언급한 유무상생의 이치가 담겨 있다.

'활동적 타성Active Inertia', 환경의 변화를 무시하고 성공의 방식을 그대로 답습하려는 성향을 가리키는 말이다. 급속한 성장 뒤에는 그에 따른 부작용이 나타나는데 이게 바로 조직의 활동적 타성이라는 게 경영학자 도널드 설의 이야기다. 바퀴 자국에 끼인 자동차, 경로 의존성, 현상 유지 편향, 닻 내리기 효과. 모두 관성에 이미 푹 젖어버린 타성을 의미하는 유사한 표현들이다. 항상 '왜'라고 물어야 한다. 정해진 답은 없다. 그러니 기존의 지식과 이념과 경험을 걷어내는 '무위', 그게 곧 '창조'고 '혁신'이다.

우리 삶의 경영도 마찬가지다. 뭔가 기준이 하나 생기면 다들 그 기준에 맞추려고 안달이다. 소리 높여 차별화를 부르짖으면서도 모두가 비슷해지는 우를 범하는 건 그래서다. 다른 사람보다 '나은' 사람이 아니라 뭔가 '다른' 사람을 필요로 하는 세상이다. 남과는 다른 나만의 차별적 강점에 집중해야 한다. 누가 뭐라 하든 씩씩하게 팔 흔들며 내 갈 길 가는 거다. 우리를 옥죄던 프레임을 깨부수고 나가야 한다. 그게 내 인생의 차별화다.

구름을 그림으로써 달을 표현하는 회화 기법이 있다. 달을 그리는 게 아니라 달을 둘러싸고 있는 구름을 그림으로써 달이 드러나는 식이다. 정작 달은 그리지도 않았는데 달의 고운 자태가 드러난다. '홍운탁월烘雲托月'의 의미다. 직선이 아닌 곡선의 미학, 딱딱함이 아닌 유연함의 미학, 드러내지 않는 숨김의 미학이다. 다들 달을 그릴 때 나는 구름을 그린다. 달을 그리지 않으면서 달을 그려내는 나만의 방법이다.

정답은 없다. 그래서 정답은 많다. 내 마음이 가자는 대로 가면 그게 바로 정답이다. 그게 창의고 도전이다. 관건은 유연함이다!

죽은 나무는
어떤 바람에도
흔들리지 않는다.
유연해야 생명이다.
만고불변의 진리다.

캐주얼하게, 나답게

살 일입니다

"무척이나 어려운 환경에서 자랐습니다. 숱하게 실패하고 좌절했습니다. 하지만 그대로 주저앉지 않았습니다. 머릿속에 생생하게 그려낸 내 미래의 모습이 있었기 때문입니다. 그래서 스스로를 다그쳤습니다. 죽을힘을 다해 뛰고 또 뛰었습니다. 그러니 세상이 끝내 빛을 보여줍니다. 무척이나 환한 빛입니다."

동기부여나 자기계발에 관한 수많은 얘기들의 골간은 이와 비슷합니다. 역경에 굴하지 않고 미래를 개척한 영웅의 모습들이 즐비합니다. 예전부터 이런 이야기를 접할 때면 무언가 불편했습니다. 그렇게 노력한다고 다들 성공할 수 있을까, 하는 생각 때문이었습니다. 또 하나, 그들이 이야기하는 성공이 대부분 '물질적 성공'에 맞춰져 있어서입니다. 요컨대 우리 모두 스스로의 가능성을 믿고 열심히 노력하면 돈도 벌고 출세도 하며 모든 게 이루어진다는, 동화 같은 이야기입니다. '희망고 문'입니다.

지금껏 20년 넘게 마케팅을 해오며 깨달은 통찰 중 하나가 '차별화'입니다. 차별화는 남보다 더 잘하는 게 아닙니다. 남들과 다르게 하는 겁니다. 그럼에도 우리는 차별화에 대한 오해로 '남들보다 더 빨리, 남들보다 더 많이, 남들보다 더 멀리'만 강조합니다. 그러니 모든 게 일렬로 늘어선 경쟁입니다. 직선의 경쟁에 1등은 단 하나입니다. 그 한 개의 자리를 위해 우리 모두 피 터지게 투쟁해야 하는 겁니다. 단 한 명의 승리자와 함께 아흔아홉 명의 패배자를 양산하는 자기계발의 프레임은 어느 누구도 행복하게 만들어줄 수가 없음을 깨달았습니다.

진정한 차별화는 직선의 경쟁이 아닙니다. 360도 어느 쪽으로 도 만들 수 있는 게 차별화입니다. 남들보다 그림을 더 잘 그려 서 차별화가 되기도 하고, 남들보다 노래를 더 잘 불러서 차별 화가 되기도 합니다. 내가 빚어내는 나만의 가치가 중요합니 다. 그래서 차별화에는 방향이 없습니다. 저마다의 방향을 찾아갈 때 우리 모두는 승리자가 됩니다. 기업의 경영과 마케팅 뿐만 아니라 우리의 인생 경영에도 필요한 이야기입니다.

그래서 찾아낸 열쇳말이 '캐주얼'입니다. 격식에 얽매이지 않는다는 건 상식을 깨뜨린다는 의미입니다. 지금껏 한 번도 의심하지 않았던 것들에 대한 새로운 의심이 전혀 다른 세상을 보여줍니다.

2 "호불호가 갈리는 캐릭터라는 거 알아요. 불편하면 채널 돌리셔도 괜찮아요. 세상 모두가 나를 사랑할 수는 없으니까요." TV예능을 주름잡고 있는, 아이돌 그룹 슈퍼주니어의 김희철 씨 이야기입니다. '오늘만 사는 남자'라는 별명이 붙을 정도로 좌충우돌 천방지축입니다. 하지만 많은 PD들이 지금도 그를 찾습니다. 죽은 예능도 되살린다는 명불허전의 방송 감각 때문입니다. "후배들에게 말해요. 인터넷 댓글에 휘둘리지 말라고. 지금 세상은 너무나도 많은 것에 구태의연한 의미를 부여해서 불편한 시선을 조장하는 것 같아요. 세상 사람 모두에게 맞출 순 없잖아요. '싫다'는 사람 멀리하고 '좋다'는 사람과 더 가까이하는 것, 그게 제 방송 철학이에요." 눈치 보지 않고 방송을 놀이터 삼아 마음껏 뛰어노는 그의 모습은 격을 깨는 '캐

주얼' 그 자체입니다. 그래서인지 그의 모습은 갓 잡아 올린 생선처럼 푸득푸득 싱싱하기만 합니다.

이처럼 내게 맞는 내 옷을 입어야 합니다. 남이 입은 옷이 멋있다고 그 옷에 내 몸을 맞출 수는 없는 노릇입니다. '내 몸에 맞는 옷이 가장 멋있다.' 이름난 디자이너와 유명한 스타일리스트들이 입을 모아 하는 얘기입니다. 인생도 마찬가지입니다. 나답게 살아야 행복할 수 있습니다. 남들이 원하는 삶이 내가 원하는 삶과 같을 수 없습니다. 그럼에도 나를 죽이고 남에 맞추어서들 삽니다. 내가 바라는 삶이 아니라 세상이 바라는 삶을 삽니다. 이를테면 세상이 우러러볼 만한 업적을 목표로 하는 삶 말입니다. 하지만 역설적이게도 그 목표가 우리를 힘들게 합니다. 지금껏 우리는 아이들만 보면 항상 훌륭한 사람이 되라고 이야기했습니다. 언제부턴가 저는 그 말을 바꾸었습니다. "행복한 사람이 되어라." 혹은 "되고 싶은 사람이 되어라." 제가 아이들에게 건네는 덕담입니다.

얼마 전 국민 가수 조용필 씨의 데뷔 50주년 인터뷰를 보았습니다. 국내 최초 단일 앨범 판매량 100만 장 돌파, 국내 최초 음반 총 판매량 1,000만 장 돌파, 〈가요톱텐〉 69주 1위, 방송국 가수왕 11회 등 그가 남긴 수많은 업적은 타의 추종을 불허합니다. 그에게 국민 가수라는 호칭은 아주 자연스럽습니다. 하지만 그의 말은 예상 밖이었습니다. "정상이 뭔지, 기록이 뭔지 이런 건 잘 모릅니다. 그저 음악이 좋아서 오랫동안 하다 보니 생겨난 것일 뿐 딱히 도전한 것은 아니거든요." 이게 진실이었습니다. 특정 목표를 정해놓고 그 목표를 이루려고 스스로를 채찍질한 게 아니라는 이야기입니다. 그저 음악이 좋아 즐겁게 몰입했더니 따라온 결과라는 겁니다.

'적토성산 풍우흥언積土成山 風雨興焉'이라 했습니다. 흙을 쌓아 산을 만드니 비바람이 절로 생겨난다는 뜻으로《순자荀子》권학勸學 편에 나오는 말입니다. 비바람은 흙을 쌓고 산을 만드는 '과정'을 통해 생겨나는 선물 같은 '결과'입니다. 조용필 씨의 얘기도 그겁니다. 비바람을 목표로 음악을 한 게 아니라 그저 즐겁게 흙을 쌓았을 뿐인데 그게 산이 되더니 비바람이 생겨나더라는 이야기입니다. 과정과 결과를 혼동하는, 주객이 전도된 삶을 살아가는 우리가 귀담아들어야 할 대목입니다.

이리저리 펼쳐놓은 얘기들을 통해 나누고 싶은 메시지는 이렇습니다. 되지도 않을 목표를 정해두고 스스로 힘들게 하지 말자는 겁니다. 그래 봐야 1등은 단 하나입니다. 그러니 내 마음의 목소리에 귀를 기울여 내가 좋아하는 걸 찾자는 겁니다. 누가 시킨 일이 아니라 내가 하고 싶은 일을 할 때 '몰입'이 일어납니다. 그 몰입이 행복한 성과를 만들어줍니다. 나는 다른 사람과 다른 존재입니다. 그러니 타고난 '독창성'을 죽이지 말고 스스로를 '차별화'하자는 겁니다. 남들과 뭐가 달라도 다르게 하자는 이야기입니다. 남이 원하는 삶이 아니라 내가 원하는 삶을 살자는 겁니다. 미움 받을 '용기'를 갖자는 겁니다. 또 있습니다. '결과'만 중요한 게 아닙니다. '과정'도 중요합니다. 행복한 과정에 선물처럼 따라오는 축복이 바로 결과입니다. 그러니 '내일'이 아니라 '오늘'을 즐기자는 겁니다. '오늘'에 집중하자는 겁니다.

이상이 행복한 인생경영을 위한 제 나름의 제언들입니다. 저스스로가 암이라는 큰일을 몸소 체험하며 느꼈던 생각들을 다양한 일상 속 사례와 함께 정리한 내용입니다. 그래서 드리고 싶은 말씀은 결국 이겁니다. 행복하시라는 겁니다. 딴거 없습니다. 그게 다입니다. 이 책을 읽는 모든 분들, 진짜 다들 행복하셨으면 좋겠습니다. 그 행복이 바로 나 자신에게 달려 있습니다. 답답한 '정장' 벗어던지고 몸에 맞는 '캐주얼'로 나답게 살 일입니다!

●

묻고 답하다
보통마케터 안병민,

전작 《마케팅 리스타트》와 《경영 일탈》에 이어 《그래서 캐주얼》을 들고 나왔다. 결국 모든 걸 바꾸자는 얘기다. 세상이 바뀌니 혁신은 당연하다고 역설하는 보통마케터 안병민. 그와 함께한 인생경영에 대한 생생 인터뷰다.

Q. 마케팅을 시작으로 해서 경영 전반으로 커리어를 확장해온 걸로 알고 있다. 이 책 《그래서 캐주얼》은 그런 맥락에서 다소 생뚱맞아 보이는 게 사실이다.

A. 마케팅의 핵심 화두 중 하나가 차별화다. 차별화는 남보다 잘하는 게 아니다. 남과 다르게 하는 거다. 이게 창의성, 독창

성으로 이어진다. 그러다 보니 어떻게 살 것인가 하는 인생경영의 화두로도 연결되더라. 나답게 살아야 한다는 답이 그래서 나왔다. 이론뿐만 아니라 실제 삶을 통해서도 절감한 부분이다. 세상이 정해놓은 성공 루트를 벗어나 나만의 길로 들어서고 나니 삶에 대한 만족도가 훨씬 높아졌다. 예전 직장 생활 때도 불행하진 않았지만 지금이 훨씬 더 행복하다. 결국 인생경영에서도 내가 주인 되는 차별화가 중요하더라.

Q. 인생도 과연 경영의 대상인가?

A. 물론이다. 경영은 비즈니스 분야에만 해당되는 말이 아니다. '고도의 업무 수행을 위해 조직 제 자원의 효율적이고 효과적인 사용에 관한 의사 결정을 행하는 행동.' 경영의 사전적 의미다. 내 인생도 자원의 낭비 없이 제대로 잘 살아야 하지 않겠는가? 그러니 인생도 경영의 관점으로 바라보아야 한다. 나는 내 삶의 CEO라는 걸 인식해야 한다. 기업 경영에 목적이 있듯이 내 삶에도 이유가 있어야 한다. 그렇지 않으면 일에 치여 정작 중요한 내 삶은 놓치고 만다. 허깨비 인생을 사는 거다.

Q. 책을 읽어보면 기존의 상식에서 벗어나는 내용들이 눈에 많이 띈다. 이를테면 '목표가 아니라 과정', '성공이 아니라 행복', '관리가 아니라 자율' 같은 방향성 말이다.

A. 인센티브의 역설이라는 게 있다. '목표를 달성하면 보상을 줄게'의 메커니즘이 인센티브다. 그런데 이게 작동을 안 한다. 엄밀하게 보면 내 생각과는 다른 방향으로 작동을 하는 거다. 얼마 전 아시안게임에서 촉발된 병역 면제 논란을 보라. '국위 선양'을 위해 최선을 다하는 거랑 '병역 면제'를 위해 최선을 다하는 것은 전혀 다른 이야기다. 이를테면 병역 면제 인센티브가 없는 국제대회에는 이런저런 핑계를 대며 출전을 기피한다. '매출 증대'를 위한 인센티브 역시 그렇다. 매출 많이 올리면 인센티브 주겠다고 하니 직원들 입장에서 '고객 행복'은 아무짝에도 필요 없는 구호일 뿐이다. 위험한 코브라를 없앨 목적으로, 잡아오는 코브라 한 마리당 인센티브를 주겠다고 하니 여기저기 코브라농장이 생기는 식이다. 고객 행복을 저버린 단기간의 매출 증대는 그래서 독약이다.

그런데 우리는 지금도 그렇게 산다. 결과에 매몰되어 있다. 하지만 중요한 건 결과나 속도가 아니라 '과정'이고 '방향'이란 걸 깨달아야 한다. 그걸 알아야 성공했는데도 불행한 사람이 없어지고, 성공하지 않아도 행복한 사람이 많아질 수 있다.

Q. 이 질문을 안 할 수 없다. '죽음을 마주한다'라는 건 어떤 느낌인가?

A. 나이 마흔에 중견기업 마케팅 임원으로 일하던 때였다. 대장암 3기는 청천벽력이었다. 내 인생에 없던 시나리오였다. 그때 이런 생각이 들었다. '어차피 언젠가는 죽는 인생인데, 이번 생에 내게 주어진 건 여기까지인가 보다.' 어차피 의지로 되는 게 아니라 생각했다. 주어진 몫이 다하면 끝나는 거라 생각했다. 그래서인지 마음이 편안했다. 초조하지 않았다. 일상이 평화로웠다. 돌아보면 그때의 그런 생각과 마음이 완치에 큰 효과가 있었는지도 모르겠다.

우리는 대부분 죽음을 잊고 산다. 하지만 누구나 죽는다. 죽음을 인식하고 사는 사람과 그렇지 않은 사람의 삶은 다를 수밖에 없다. 죽음을 인식하는 사람의 오늘은 정말 소중하다. 그래서 오늘에 집중할 수 있다. 오늘에 감사할 수 있다. '메멘토 모리Memento mori'가 그런 의미다. 죽음을 기억하라는 거다. 그러니 자만할 이유도, 좌절할 필요도 없다. 그저 내가 가야 하는 길, 뚜벅뚜벅 걸어가면 된다.

Q. 쉽지 않은 경지다. 오늘의 소중함을 실감했던 순간이 있었나?

A. 암수술을 받고 일주일 정도 입원해 있었는데 용케 소식을 들은 몇몇 지인들이 병문안을 왔다. 그들을 보며 문득 이런 생각이 들었다. '내가 퇴원해서 건강한 모습으로 이들의 얼굴을 다시 볼 수 있을까?' 암의 기수도 확인되지 않았던 시점, 내가 살 수 있을지 없을지도 모르던 시점이었다. 오늘 보는 게, 지금 보는 게 마지막일 수도 있겠다는 생각이 들었다. 그들과 이야기 나누며 지금의 이 순간을 잊지 않으려 노력했다. 우리가 헛되이 흘려버리는 수많은 오늘들도 그만큼 소중한 순간들인 거다. 매 순간 최선을 다해야 하는 이유다. 그리고 그게 바로 '욜로'의 참뜻이다.

Q. 갓 마흔을 넘긴 젊은 나이에 임원으로 있던 회사에서 결국 퇴사라는 결정을 내렸다. 2년 휴직을 마치고 회사로 돌아가지 않은 이유는 무엇인가?

A. 처음엔 휴직도 두려웠다. 20년 가까이 직장 생활을 하면서 단 하루도 무소속이었던 적이 없었다. 몇 차례의 이직도 비는 날짜 하루 없이 톱니바퀴처럼 맞물려 이루어졌다. 그런데 휴직이라니. 물론 복귀가 보장된 휴직이었지만 아침에 눈을 떠서 출근할 데가 없다는 것 자체가 두려움이었다. 그만큼 직장 생활이라는 거대한 틀에 나 스스로가 길들여져 있었던 거다. 그래서 처음엔 휴직도 자꾸 미루었었다. 휴직을 하고서도 일을 놓지 못했다. 집에서 컴퓨터와 인터넷으로 계속 회사 일을 챙겼다. 아내가 말했다. "그러려면 휴직을 왜 한 거예요?" 두려웠던 거다. 조직에서 잊히는 것, 그게 두려웠던 거다. 세상은 그들의 시간에 맞추어 나 없이도 착착 돌아가는데 나만 거기서 떨어져 나오니 불안했던 거다. 아내의 말 이후 회사와 관련된 모든 일을 놓았다.

그렇게 한 달여쯤 지났을까? 이 좋은 걸 왜 내가 두려워했을까 하는 생각이 들었다. 나는 거대한 닭장 속에서 한평생 키워진

한 마리 닭이었다는 걸 그제야 깨달았다. 내게 많은 걸 베풀어 줬던 회사였지만 다시 돌아가지 않았던 이유다. 아니, 다시 돌아갈 수 없었던 이유다. 어차피 죽을 때까지 다닐 순 없는 회사다. 그렇다면 조금 일찍 시작하자 싶었다. 이제부터라도 오롯이 내 힘으로 한번 살아보고 싶었다. 또 휴직 기간을 거쳐 내 힘으로도 살아지겠다는 가능성을 발견했던 덕분이기도 하다.

Q. 가능성이란 건 어떤 얘기인가?

A. 나는 사실 직장 생활도 즐겁게 했다. 나름의 인정을 받으며 많은 걸 이루었고, 많은 걸 얻었다. 함께 일했던 선배, 후배, 동료들을 통해서도 많은 걸 배웠다. 그만큼 받았고, 얻었고, 성장할 수 있었기에 퇴사는 눈곱만큼도 생각해본 적이 없었다. 그런데 생각지도 못한 암에 걸린 거다. 처음에 휴직을 할 때는 빨리 건강을 되찾아 회사에 복귀할 생각뿐이었다.

그런데 휴직을 하고 한 달이 채 지나지 않았을 때였다. 당시 SK텔레콤에서 운영했던 T아카데미라는 곳에서 강의 요청이 들어왔다. 그동안 직장 생활을 하며 내부 직원 교육이야 간간이 진행했었고, 이런저런 대외 행사들을 기획·운영하며 직접 마이크를 잡고 크고 작은 무대에 섰던 적도 많았다. 전공이 마케팅이니 전사 브리핑이나 대표 보고 등의 자리 또한 부지기수였다. 그래서였는지 강의란 것도 그리 낯설지 않았다. 그렇게 시작한 강의가 꼬리를 물고 이어졌다. 원고 요청도 생겨났다. 역시 회사 생활에서 CEO회원들을 대상으로 한 웹진을 기획 총괄하며 일종의 '편집장 칼럼' 형태로 썼던 글들이 100편 가까이 되었던 터다. 글쓰기도 마냥 어려운 일만은 아니었다. 강의와 원고 요청이 조금씩 늘어갔다. 생각지도 못한 생존의 길이 있음을 알게 된 거다. '유레카'의 순간이었다.

Q. 많은 직장인들이 지금 이 순간에도 퇴사를 꿈꾼다. 해주고 싶은 조언이 있다면?

A. 내가 하고 싶은 얘기는 '준비'다. 병이 났을 때 다니고 있던 회사가 '휴넷'이라는 교육회사였다. 모든 인간이 가진 무한한 잠재력 개발을 도움으로써 인류의 행복한 성공에 이바지하겠다는 걸 미션으로 가진 회사였다. 이 회사의 마케팅 임원으로 일하며 정말 많은 걸 배웠다. 다양한 시도를 통한 다양한 성공과 다양한 실패를 겪으면서다.

다시 말해 내 퇴사의 자양분은 바로 회사였다. 목구멍이 포도 청이라며 죽지 못해 억지로 다녔던 회사가 아니라 내 일의 목적을 깨닫고 즐겁게 몰입했더니 부지불식간에 내공이 쌓였다는 얘기다. 그래서 내가 얘기하는 '준비'는, 역설적이게도 회사 일에 더욱 몰입하라는 거다. 이를테면, 회사에서 갈고닦은 나의 노하우와 콘텐츠들을 차근차근 정리해보라. 그런 게 준비다. 그러다 보면 회사 일이 즐거워진다. 누가 시켜 억지로 하는 일이 아니라 내 미래와도 직결된 일이어서다. 기존의 회사 업무와는 전혀 다른 분야로 도전하고 싶다면 그것도 마찬가지다. 무작정 그 분야로 뛰어드는 게 아니라 지금 내 업무와의 연결고리를 찾아보라. 그게 통찰이다. 회사에서 맡고 있는 영업이란 업무가 나중에 식당을 운영할 때에도 도움이 되는 법이다. 세상에 아무 필요 없는 일은 하나도 없다. 그런 관점으로 보면 회사 일이 훨씬 재미있고 즐거워진다. 준비해야 한다. 준비에 실패하면 실패를 준비하는 거다.

Q. 얘기를 들어보니 지금의 삶에 대한 만족도가 무척이나 높아 보인다. 비결이 뭔가?

A. 중학생 아들이랑 밥을 먹으며 '행복'에 대해 얘기를 나눴던 적이 있다. 아빠가 행복해 보이냐고 물었다. 그렇다는 대답이 돌아왔다. 이유를 물었다. "아빠는 매일 기분이 좋으시잖아요." "아빠는 하고 싶은 일 하시잖아요." 맞다, 그런 게 행복이다. 복이 와서 웃는 게 아니라 웃으면 복이 온다고 하지 않나. 하고 싶은 일을 하니 행복하지 않으려야 안 행복할 수가 없다. 돈이 많아서 행복하고 지위가 높아서 행복한 게 아니다. 그래서 우리 아이들도 나처럼 살았으면 좋겠다. 행복은 가장 나답게 살때 찾아온다. 끊임없이 내 마음의 목소리에 귀를 기울이는 이유다.

Q. 말이 나왔으니 자녀 교육 이야기도 궁금하다. 서울을 떠난 자녀들. 공부는 열심히 잘하나?

A. 자녀 위를 맴돌며 온갖 간섭을 다하는 '헬리콥터 부모'와 자녀들의 성공을 위해 인생에 걸림돌이 되는 건 무엇이든 제거해주는 '불도저 부모들'이 많다고 한다. 아이들의 인생에 과

연 바람직한 일일까? 인생은 학교에서 배운 것처럼 정답이 있는 게임이 아니다. 정답을 찾아야 하는 게임이다. 그런데 부모가 정답을 정해놓고 그대로만 살라고 하니 아이들이 스스로의 정답을 찾아내기는커녕 좀비가 된다. 부모가 없으면 아무것도 할 수 없는 아이가 되는 거다. 나도 대도시에서 어린 시절을 보냈다. 개구리와 잠자리도 못 보고 자랐다. 그런데 우리 아이들은 서울을 떠나와서 흙을 보며 자라고 있다. 그래서인지 딸아이는 개구리도 선뜻 손으로 잡는다. 그렇게 자연을 배운다.

예전과 달리 세상의 성공 방정식도 바뀌었다. 명문대 나오고 대기업 들어간다고 행복한 게 아니다. 그래서 묵묵히 아이를 지켜보며 믿음의 불빛 역할을 하는 '등대 부모'가 되려고 한다. 어디에서 무엇을 하든 내 삶의 진정한 주인이 될 때 그 삶이 행복으로 반짝반짝 빛이 난다. 우리 아이들도 '회복 탄력성'과 '자존감' 충만한 자기네 삶의 주인으로 키우려고 노력 중이다. 아, 성적? 애들 엄마나 나나 공부하라 닦달한 적 없지만 그래도 문제가 될 정도로 못하지는 않는 것 같다. 그 정도면 충분하다 싶다. (웃음)

Q. 성공에 대한 이야기를 해보자. 성공이란 과연 무엇일까?

A. 저마다의 성공이 다 다른 법이다. 그런데 우리는 한 번도 자기 자신의 성공에 대해 생각해본 적이 없다. 어릴 때부터 공부 열심히 해서 좋은 대학 가고, 좋은 대학 나와 전문직을 갖거나 대기업에 입사하는 것, 그게 성공이라 배웠다. 다들 그렇게 얘기하니 달리 생각할 계기도, 이유도 없었다. 그러니 모두 한길로만 내달린다. 직선 위의 경쟁이다. 한 명만 행복할 수 있는, 나머지 모두는 불행할 수밖에 없는 경쟁이다. 경쟁은 구도를 고착화시킨다. 그 판을 뛰어넘어야 한다. 세상을 바꾼 사람들은 모두가 그 판을 초월한 사람이다. 판을 초월하려면 내 삶의 목적이 분명해야 한다. '목적'과 '목표'는 다르다. '목적'이 장기적인 관점에서의 '방향'과 '과정'과 '질'에 대한 담론이라면 '목표'는 단기적인 관점에서의 '속도'와 '결과'와 '양'에 대한 이야기다. 예컨대 직원이 행복한 회사를 만들겠다는 건 '목적'이요, 올해 매출 100억을 올리겠다는 건 '목표'다. 어찌 보면 목표는 목적을 이루기 위한 일종의 수단이자 중간 기착지인 셈이다. 하지만 우리는 이를 뒤바꾸어 생각한다. 목적은 안중에도 없다. 눈앞의 목표에만 매달린다. 그러니 방향도 없이 속도와 양에만 매몰된다. 그래서는 목적은커녕 목표를 이룰 수

도 없다. 과정이 무시된 결과는, 방향이 없는 속도는, 질이 담보되지 않은 양은 지속될 수 없어서다.

Q. 내 '삶의 목적'이라는 표현이 인상적이다.

A. 쉽게 말해 무얼 위해 사냐, 왜 사냐는 거다. 대부분의 사람들을 들여다보면 돈 벌려고 일한다. 그런데 돈을 벌려는 이유가 없다. 그저 돈 많이 벌어 남들 보기에 근사하게 살고 싶은 거다. 보란듯이 살고 싶은 거다. 그러니 다른 이유가 없다. 돈을 벌려고 돈을 번다. 인센티브의 역설처럼 돈을 벌지는 몰라도, 성공이나 행복과는 거리가 멀어질 수밖에 없다. 엄청난 돈을 벌었지만 전 국민적 지탄의 대상이 된 수많은 재벌가 사람들을 우리는 안다. 남들 눈에 들자고 사는 삶이 아니다. 중요한 건 내 일과 삶의 목적이다. 세상에 어떤 가치를 남길 것인가의 문제다. 그런 가치를 추구하는 진솔한 삶의 스토리에 사람들은 마음을 연다. 그런 사람들이 나의 '고객'이 되고 '팔로어follower'가 된다. 그래서 마케팅과 리더십도 뿌리는 하나다. 진정성을 바탕으로 묵묵히 써 내려간 내 일과 삶의 변혁 스토리가 고객을 감동시키면 마케팅이 되고, 팔로어를 감동시키면 리더십이 된다. 모든 사람들이 내 삶의 CEO로서 나의 '존재

이유'와 내 일의 '목적'을 찾아내어 '행복한 경영'을 할 수 있도록 도와주는 것, 이게 내 일과 삶의 목적이다. 이 책도 그 연장선상에 있다.

Q. 성공이나 행복이나 결국은 삶에 대한 내 생각이 제일 중요하다는 의미로 들린다.

A. 바로 그거다. 우리는 늘 질문한다. "매출을 올리려면 어떻게 해야 할까?" "마케팅 잘하려면 어떻게 해야 하나?" 그 답을 찾아 하이에나처럼 여기저기 기웃거리기 일쑤다. 그래서인지 그 답을 알려주겠다는 사람이나 책, 강연들도 많다. '매출 제고를 위한 ○가지 방법' 류의 이야기들이다. 하지만 그렇게 알게 된 지엽적이고 단편적인 답들이 도깨비방망이처럼 내 문제를 해결해줄 리 만무하다. 나로부터 말미암은 나만의 솔루션이 아니기 때문이다. 내 생각을 가두고 있는 상자를 깨고 나와야 한다. 그렇지 않으면 누가 만들어 놓았는지도 모르는 그 작은 박스 안에서 '전략'이 아닌 '전술' 차원의 리액션만 평생 하며 살게 된다. 전략이 주도적이라면 전술은 수동적이다. 전략이 '높은 시선'이라면 전술은 '낮은 실행'이다. 전략이 '부처님'이라면 전술은 그 손바닥 안을 벗어나지 못하는 '손오공'인 셈이다.

Q. '나답게 산다는 건 어떤 의미인가' 하는 이야기로 인터뷰를 마무리하자.

A. 전략의 마중물은 '생각'이다. 생각이 깊어지면 시선은 높아진다. 시선이 높아지면 질문도 달라진다. 이를테면 '외국어를 잘하려면 어떻게 해야 하나'에 대한 기술적 질문이 '언어의 본질과 효용'이라는 근원적 질문으로 올라간다. 마케팅으로 치자면, 그 기술적 방법론을 넘어서서 마케팅이 과연 무엇인지 그 본질이 궁금해지는 거다. 그렇게 찾아낸 마케팅의 중심이 '고객 행복'이다. '매출을 높이려면 어떻게 해야 할까'가 아니라 '고객을 행복하게 만들어주려면 어떻게 해야 할까' 고민해야 한다. 핵심은 '고객 가치'다. 내 삶도 마찬가지다. 나는 내 인생을 통해 세상에 어떤 가치를 더할 수 있을까 고민해야 한다. 깊이 생각해야 한다. 전술 차원의 표면이 아니라 전략 차원의 심연으로 내려가야 한다. 전술가는 절대 전략가를 이길 수 없다. 내 삶의 '목적'을 곱씹어보아야 한다. 세상에 유일무이한 '나'라는 브랜드의 존재 이유와 차별적인 가치, 즉 나만의 전략은 거기서 비롯된다. 그게 나답게 사는 거다. 행복의 출발점이다!

좋을 책
함께 읽어 보면

《경영 일탈: 정답은 많다》안병민, 책비

《경쟁의 배신》마거릿 헤퍼넌, 알에이치코리아

《꽃들에게 희망을》트리나 폴러스, 시공주니어

《꽃도 피우기 위해 애를 쓴다》정목스님, 꿈꾸는서재

《남이섬 CEO 강우현의 상상망치》강우현, 나미북스

《노는 만큼 성공한다》김정운, 21세기북스

《노력중독》에른스트 푀펠, 율리시즈

《달팽이가 느려도 늦지 않다》정목스님, 쌤앤파커스

《DO NOTHING!》J. 키스 머니건, 세종서적

《디지털 노마드》도유진, 남해의봄날

《디퍼런트》문영미, 살림비즈

《마지막 강의》랜디 포시·제프리 재슬로, 살림출판사

《마케팅 리스타트》안병민, 책비
《목표 없이 성공하라》히라모토 아키오, 리더&리더
《미움 받을 용기》기시미 이치로·고가 후미타케, 인플루엔셜
《본격 재미 탐구》마이클 폴리, 지식의날개
《비울수록 가득하네》정목스님, 쌤앤파커스
《빼빼가족, 버스 몰고 세계여행》빼빼가족, 북로그컴퍼니
《살며 사랑하며 배우며》레오 버스카글리아, 홍익출판사
《생각하는 힘 노자 인문학》최진석, 위즈덤하우스
《서른, 결혼 대신 야반도주》김멋지·위선임, 위즈덤하우스
《서울을 떠나는 사람들》정은영 외, 남해의봄날
《숨결이 바람 될 때》폴 칼라니티, 흐름출판
《스스로 살아가는 힘》문요한, 더난출판사
《신경 끄기의 기술》마크 맨슨, 갤리온
《아들러 심리학을 읽는 밤》기시미 이치로, 살림출판사
《어디서 살 것인가》유현준, 을유문화사
《에디톨로지》김정운, 21세기북스
《여행하는 인간》문요한, 해냄
《OFF학》오마에 겐이치, 에버리치홀딩스
《자기합리화의 힘》이승민, 위즈덤하우스
《장자, 나를 깨우다》이성명, 북스톤
《정의를 밀어붙이는 사람》에노모토 히로아키, 쌤앤파커스
《정해진 미래》조영태, 북스톤

《죽어라 일만 하는 사람들은 잘 모르는 스마트한 성공들》마틴 베레가드·조던 밀른, 걷는 나무

《즐겁지 않으면 인생이 아니다》린 마틴, 글담

《지적자본론》마스다 무네아키, 민음사

《탁월한 사유의 시선》최진석, 21세기북스

《퇴사하겠습니다》이나가키 에미코, 엘리

《퇴사학교》장수한, 알에이치코리아

《파는 것이 인간이다》다니엘 핑크, 청림출판

《파워풀》패티 맥코드, 한국경제신문사

《평균의 종말》토드 로즈, 21세기북스

《포기하는 용기》이승욱, 북스톤

《피로사회》한병철·김태환, 문학과 지성사

《한국인은 미쳤다》에리크 쉬르데주, 북하우스

《행복의 기원》서은국, 21세기북스

《황금수도꼭지》윤정구, 쌤앤파커스

《회복탄력성》김주환, 위즈덤하우스

《회사의 목적은 이익이 아니다》요코타 히데키, 트로이목마

《회색인간》김동식, 요다

그래서 캐주얼

© 안병민, 2019

1판 1쇄 2019년 3월 4일

ISBN 979 - 11 - 87400 - 43 - 1   03190

저 자. 안병민
펴낸이. 조윤지
P   R. 유환민
편   집. 박지선
디자인. 김미성bookdesign.xyz

펴낸곳. 책비
출판등록. 제215 - 92 - 69299호
주소. 13591 경기도 성남시 분당구 황새울로 342번길 21 6F
전화. 031 - 707 - 3536
팩스. 031 - 624 - 3539
이메일. readerb@naver.com
블로그. blog.naver.com/readerb

'책비' 페이스북
www.FB.com/TheReaderPress

책비(TheReaderPress)는 여러분의 기발한 아이디어와 양질의 원고를 설레는 마음으로 기다립니다.
출간을 원하는 원고의 구체적인 기획안과 연락처를 기재해 투고해 주세요.
다양한 아이디어와 실력을 갖춘 필자와 기획자 여러분에게 책비의 문은 언제나 열려 있습니다.
readerb@naver.com